THE BARDIC CHAIR
Y GADAIR FARDDOL

Y DDRAIG GOCH, A DDYRY GYCHWYN.

THE BARDIC CHAIR

Y GADAIR FARDDOL

RICHARD BEBB

SIONED WILLIAMS

Plât 1:   Cadair Eisteddfod Genedlaethol Llandudno, 1896.
Plate 1:   National Eisteddfod chair, Llandudno, 1896.

Cyhoeddwyd gan Saer Books

31-33 Stryd y Bont, Cydweli,
Sir Gaerfyrddin, SA17 4UU

+44 (0)1554 890328
info@welshfurniture.com
www.welshfurniture.com

ISBN 978-0-9553773-3-4

Mae cofnod CIP ar gyfer y teitl hwn i'w gael gan y Llyfrgell Brydeinig.

Golygydd: Serretta Bebb

Argraffwyd a rhwymwyd yng Nghymru gan
Wasg Gomer, Llandysul, Ceredigion.

Published by Saer Books

31-33 Bridge Street, Kidwelly,
Carmarthenshire, SA17 4UU

+44 (0)1554 890328
info@welshfurniture.com
www.welshfurniture.com

ISBN 978-0-9553773-3-4

A CIP record is available from the British Library.

Editor: Serretta Bebb

Printed and bound in Wales at Gomer Press,
Llandysul, Ceredigion.

SAER BOOKS

Cafwyd cymorth ariannol gan Fwydydd Castell Howell   Financial assistance provided by Castell Howell Foods

Mewn cydweithrediad ag
Amgueddfa Cymru
Llyfrgell Genedlaethol Cymru

In association with
National Museum Wales
The National Library of Wales

Dylunydd   Allison Hurren   Designer

A Celebration of an Ancient Welsh Tradition

Dathlu Traddodiad Hynafol Cymreig

Saer Books

Cynnwys

CONTENTS

RHAGAIR

Ni raid petruso defnyddio'r ansoddair unigryw i ddisgrifio'r gamp a gyflawnwyd gan Richard Bebb, Dr Sioned Williams a Llyfrau Saer wrth lunio'r llyfr goludog hwn. Yn sicr iawn ni fu'r grefft a'i lluniodd heb ei dawn ac y mae *Y Gadair Farddol* yn enghraifft o grefftwra trawiadol o gain yn harddu llyfr nodedig sy'n dwysáu'n sylw yn fwy nag erioed ar sumbol arbenicaf perthynas y bardd Cymraeg â'i genedl dros lawer canrif.

Mae gwybodaeth sicr Sioned Williams o ymbriodi ag ysgolheictod brwd Richard Bebb wedi gwarantu seiliau solet i'r llyfr, ac y mae'r sylwebaeth arbenigol sy'n hebrwng cyfres helaeth o ddarluniau yn llawn goleuni i ddarllenwyr. Ac am ansawdd y darluniau, y mae'n ddi-ffael o ysblennydd. Haedda Richard Bebb glod dibrin am agor oriel sy'n arddangos 'mystique' ac atyniad eiconig y gadair farddol, waeth beth am statws y gystadleuaeth y mae'n bod i'w hyrwyddo.

Wedi'i dywys gan chwilfrydedd newydd-anedig, y mae Richard Bebb wedi darganfod drosto'i hun rym 'y gadair' fel un o wir ddynodyddion hynodrwydd y diwylliant Cymraeg. Y mae wedi sylweddoli na ellir gorbrisio pwysigrwydd deall y cyd-destun sy'n rhoi i'r sumbol oesol hwn ei bŵer a'i afael ar ddychymyg y cyhoedd. Y mae'r gadair farddol yn fwy o lawer na ffaith hanesyddol; y mae'n gysyniad bywiol, yn ddelfryd ac yn her barhaus. Yng ngafael ei hud y mae llunwyr y llyfr hwn wedi creu crefftwaith y dylai'i geinder adnewyddu ein balchder yn y traddodiad bythwyrdd a wnaeth 'ennill cadair' amser maith yn ôl yn bennaf nôd dyheadau bardd o Gymro – a Chymraes bellach.

Haedda *Y Gadair Farddol* gywydd mawl clasurol yn deyrnged i barhau. Yn y tymor byr y ffordd orau i ni ddangos ein gwerthfawrogiad yw cydnabod i ni gael trysor o lyfr a'i brynu, yn ein cannoedd, yn ddi-oed.

Hywel Teifi Edwards

FOREWORD

Unique is the adjective that may properly and unhesitatingly be used to describe the feat accomplished by Richard Bebb, Dr Sioned Williams and Saer Books in making this sumptuous book. *The Bardic Chair* is an example of strikingly fine craftsmanship enhancing a notable piece of work that fixes our attention, as never before, on the prime celebratory symbol of the Welsh poet's place in the life of his nation over many centuries.

Dr Sioned Williams's expertise wedded to Richard Bebb's proven scholarship vouches for the firm foundation on which this book stands and the expert commentary accompanying an extensive series of illustrations is beyond doubt illuminating. As for the quality of the illustrations it is unfailingly splendid. Richard Bebb deserves unstinting praise for opening a gallery that exhibits the iconic draw and mystique of the bardic chair whatever the status of the competition it serves to promote.

Guided by a newly minted curiosity, he has discovered for himself how this particular chair impacts as an authentic signifier of the distinctiveness of Welsh culture. He has realized that an understanding of the context which gives this age-old symbol its power and hold on the popular imagination cannot be overstated. The chair is no mere historical fact; it is a living concept, an ideal and a continuous challenge. Under its spell, the makers of this book have fashioned a work of art whose beauty should renew our pride in the onliving tradition that long ago made 'winning the chair' the pre-eminent target for a Welsh poet's aspirations.

The Bardic Chair merits the lasting tribute of a classical Welsh praise poem. In the short term we can best show our appreciation by acknowledging that we have been given a book to treasure and buying it in our many hundreds.

Hywel Teifi Edwards

*R*HAGYMADRODD

DDYRY·
FGYG

INTRODUCTION

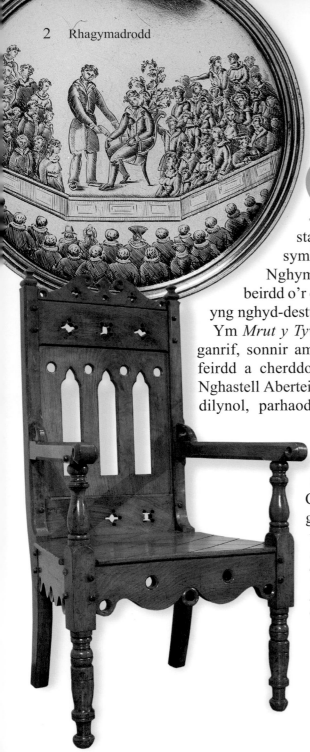

2 Medal Eisteddfod Llannerch-y-medd, 1835. Enillwyd gan Clwydfardd (David Griffith).

Llannerch-y-medd Eisteddfod medal, 1835. Won by Clwydfardd (David Griffith).

RWY'R byd bu'r gadair yn ddodrefnyn o statws ag iddo arwyddocâd symbolaidd erioed. Yng Nghymru cysylltir cadeiriau â beirdd o'r cyfnod cynharaf, yn arbennig yng nghyd-destun yr eisteddfod.

Ym *Mrut y Tywysogion* yn y ddeuddegfed ganrif, sonnir am roi cadeiriau yn wobrau i feirdd a cherddorion mewn eisteddfod yng Nghastell Aberteifi ym 1176. Yn y canrifoedd dilynol, parhaodd yr arfer hwn gan ddod yn rhan annatod o'r eisteddfodau a gynhaliwyd, yn wreiddiol, i roi trefn ar y beirdd proffesiynol. Ceir awgrym o'r math o gadeiriau a ddefnyddiwyd wrth edrych ar ddyluniadau cadeiriau canoloesol a Thuduraidd sydd wedi goroesi. Edwinodd yr eisteddfod fel digwyddiad

3 Cadair Eisteddfod Llanddewibrefi, dim dyddiad, tua 1865. Enillwyd gan Dr James Lloyd.

Llanddewibrefi Eisteddfod chair, undated, circa 1865. Won by Dr James Lloyd.

swyddogol hyd ddiwedd y ddeunawfed ganrif a dechrau'r bedwaredd ganrif ar bymtheg. Yn y cyfnod hwn, adferwyd seremoni'r cadeirio gan gymdeithasau Cymreig yn Llundain a noddai eisteddfodau taleithiol yng Nghymru. Ond ni ddyfarnwyd cadeiriau i'r beirdd yn y digwyddiadau hyn; yn hytrach, comisiynwyd medal ar gyfer pob achlysur. Daeth y gadair gynharaf a wnaed yn arbennig ar gyfer eisteddfod i'r golwg yn ddiweddar, sef cadair Eisteddfod Caerfyrddin 1819. Dyma'r tro cyntaf i Orsedd Beirdd Ynys Prydain, creadigaeth Iolo Morganwg (Edward Williams 1747-1826), gynnal seremoni yn rhan o eisteddfod.

Hyd y 1870au, roedd y cadeiriau a ddefnyddiwyd ar gyfer y seremonïau hyn yn enghreifftiau ffasiynol yn eu cyfnod, yn aml gydag ambell ychwanegiad bach megis llythreniad, emblem neu blac. O'r cyfnod hwnnw ymlaen datblygodd mathau arbennig o gadeiriau a ddilynai ffasiynau cyfoes ond a oedd yn gwbl unigryw i'r eisteddfod.

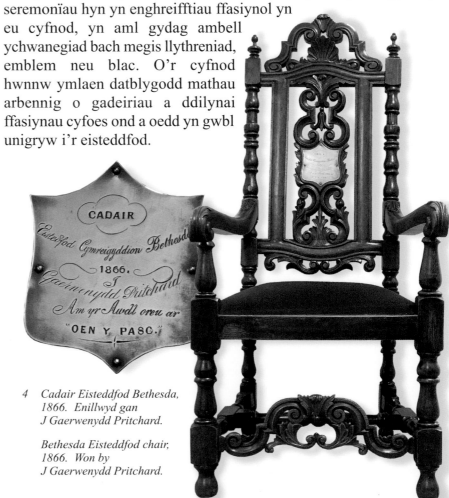

4 Cadair Eisteddfod Bethesda, 1866. Enillwyd gan J Gaerwenydd Pritchard.

Bethesda Eisteddfod chair, 1866. Won by J Gaerwenydd Pritchard.

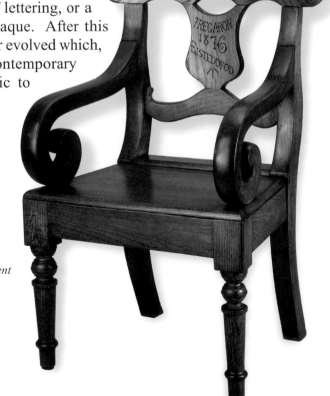

5 *Medal Eisteddfod Dyffryn Maelor, 1874.*

Dyffryn Maelor Eisteddfod medal, 1874.

Throughout the world chairs have always been imbued with status and symbolic significance. In Wales they have been associated from the earliest period with poets, particularly in the context of an eisteddfod.

An eisteddfod (plural *eisteddfodau*) is a competitive cultural festival where literary and musical prizes are awarded. The 12th-century *Chronicle of the Princes* recorded that chairs were granted to the winners of bardic and musical contests at an eisteddfod held in Cardigan Castle in 1176. References in the following centuries show that this became an important part of the proceedings at subsequent *eisteddfodau*, which were held to regularize the professional poets. Surviving medieval and Tudor chairs indicate the styles likely to have been used. As a formal event, the eisteddfod went into decline until the late-18th and early-19th centuries, when the movement and the chairing ceremony were revived under the auspices of London Welsh societies who sponsored provincial events in Wales. However, the poet was not awarded an actual chair during this period, but a medal of some form, which was commissioned for each occasion. The earliest chair known to have been made specifically for an eisteddfod has recently come to light. It was used at Carmarthen in 1819 when the druidic rituals of the Gorsedd of the Bards of the Isle of Britain were first introduced into an eisteddfod setting by Iolo Morganwg (the bardic name of Edward Williams, 1747-1826).

Until the 1870s the chairs used were the standard fashionable models of their day, although often with the addition of lettering, or a small emblem or plaque. After this period, types of chair evolved which, whilst based on contemporary trends, were specific to the eisteddfod.

6 *Clwydfardd, ar y chwith, yn ail-greu seremoni gadeirio, tua 1875.*

Clwydfardd, shown on the left, re-enacting a chairing ceremony, circa 1875.

7 *Cadair Eisteddfod Tregaron, 1876. Enillwyd gan Ioan Gwent (John Watkins).*

Tregaron Eisteddfod chair, 1876. Won by Ioan Gwent (John Watkins).

8 *Bardd Dulas, tua 1880.*

Bardd Dulas, circa 1880.

9 *Pedrog (Y Parch. John Owen Williams), tua 1885.*

Pedrog (Revd John Owen Williams), circa 1885.

Cymru, y ddraig, geifr, telynau, cennin, cennin pedr, patrymau Celtaidd ac ymadroddion gwladgarol. Y symbolau eisteddfodol oedd y rheini a gysylltir â'r Orsedd: y Nod Cyfrin neu'r Pelydr Goleuni; dail y dderwen a'r uchelwydd, sef planhigion cysegredig y derwyddon; ac arwyddair yr Orsedd, 'Y Gwir yn Erbyn y Byd', ynghyd â doetheiriau traddodiadol, a ddefnyddiwyd hefyd i addurno'r llwyfan. Mae'r elfennau hyn oll yn amlygu'r amcanion ehangach a fu gan y mudiad eisteddfodol erioed, a âi'n bellach na hybu cystadlu yn unig, yn arbennig hyrwyddo hunaniaeth genedlaethol a diogelu'r iaith.

Cyflwynwyd y cadeiriau hyn yn wobr i'r bardd buddugol i'w cadw am gyfansoddi'r awdl orau ar fesur caeth y gynghanedd. Mae'n grefft a all gymryd blynyddoedd i'w meistroli ac a ddisgrifiwyd fel 'y gyfundrefn patrymu seiniau fwyaf soffistigedig a arferwyd gan unrhyw farddoniaeth yn y byd [cyf.]'. Mewn eisteddfodau lleol, dyfernid cadair yn aml am gyfansoddi pryddest, sef cerdd hir ar fesur rhydd.

Ail-ddefnyddiwyd rhai o'r un cadeiriau ar gyfer gwahanol eisteddfodau. Er enghraifft, saernïwyd y gadair a 'fenthyciwyd' yng Nghaernarfon ym 1862 gan John Thomas, ar gyfer eisteddfod yn y dref ym 1821, a defnyddiwyd hi hefyd yn Abermaw ym 1849.

Wedi sefydlu'r Eisteddfod Genedlaethol ar ddiwedd y bedwaredd ganrif ar bymtheg, lluniwyd cadeiriau cerfiedig sylweddol o dderw. Arnynt cerfiwyd enw a dyddiad yr Eisteddfod ynghyd ag amryw o symbolau cenedlaethol ac eisteddfodol. Ymhlith y symbolau cenedlaethol roedd pedwar llew y tywysogion canoloesol, plu Tywysog

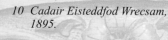

10 *Cadair Eisteddfod Wrecsam, 1895.*

Wrexham Eisteddfod chair, 1895.

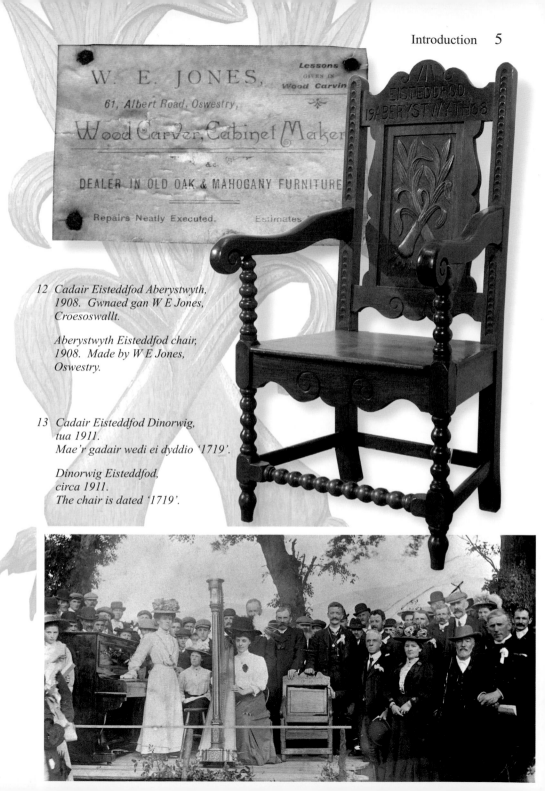

11 Cadair Eisteddfod Colwyn,
1898.

*Colwyn Eisteddfod chair,
1898.*

From the last quarter of the 19th century, after the establishment and consolidation of the National Eisteddfod, oak chairs of majestic proportions were produced. These were carved with the location and date as well as a host of symbols appropriate to the country or particular to the festival. The national symbols included the four lions of the medieval princes, the Prince of Wales's feathers, the dragon, goats, harps, leeks, daffodils, Celtic interlacing and patriotic phrases. The eisteddfod symbols comprised the emblems of the Gorsedd, particularly the *Nod Cyfrin* or Mystic Mark; oakleaves and mistletoe, the sacred plants of the druids; and the motto 'Y Gwir yn Erbyn y Byd' (The Truth Against the World), as well as traditional sayings, which were also used to decorate the stage. The presence of these features highlights the way that the eisteddfod movement laid claim to wider objectives than the simple organization of competitions, particularly the promotion of national identity and preservation of the language.

The chairs were kept by the winner and awarded for the best *awdl*, a poem written in an ancient form of strict-metre verse characterized by *cynghanedd* (meaning harmony). This is a skill which takes many years to master and has been acclaimed as 'the most sophisticated system of poetic sound-patterning practised in any poetry in the world'. At local *eisteddfodau* the chair was often given for a *pryddest*, also a long poem but in free-metre.

A number of chairs were reused at subsequent events. For example, the chair 'loaned' at Caernarfon in 1862 had been made by John Thomas for an earlier eisteddfod in the town in 1821, and had also been used at Barmouth in 1849.

12 Cadair Eisteddfod Aberystwyth,
1908. Gwnaed gan W E Jones,
Croesoswallt.

*Aberystwyth Eisteddfod chair,
1908. Made by W E Jones,
Oswestry.*

13 Cadair Eisteddfod Dinorwig,
tua 1911.
Mae'r gadair wedi ei dyddio '1719'.

*Dinorwig Eisteddfod,
circa 1911.
The chair is dated '1719'.*

Cynhyrchwyd y rhan fwyaf o gadeiriau barddol o'r 1890au hyd y 1930au; dyma oes aur yr eisteddfodau lleol. Trefnwyd dros 450 yn flynyddol gan gapeli, colegau a gweithleoedd yn ogystal ag eisteddfodau cymdeithasau'r Cymry dramor. Enillodd rhai unigolion, llawer ohonynt yn bregethwyr anghydffurfiol, nifer fawr o gadeiriau yn ystod eu hoes. Rhoddwyd cadeiriau yn wobrau hefyd i gorau, a oedd yn rhan bwysig o fywyd diwylliannol y cymunedau diwydiannol yn arbennig.

Cynhyrchwyd amrywiaeth eang o gadeiriau, sy'n dangos ôl amryw ddylanwad, gan grefftwyr lleol gan fwyaf. Arbenigai rhai crefftwyr ar gadeiriau barddol, gan gymryd y cyfle i arddangos eu creadigrwydd a'u crefft mewn ffurf a feirniedid ac a werthfawrogid. Cynhyrchwyd rhai miloedd, sy'n dyst i'r nifer o grefftwyr medrus oedd ym mhob rhan o Gymru (yn ogystal, wrth gwrs, â'r nifer o feirdd a chorau).

15 Côr Brechfa,
1908.

Brechfa Choir,
1908.

14 Côr Pendref, sir Gaernarfon,
1901.

Pendref Choir, Caernarfonshire,
1901.

The heyday of the production of bardic chairs was the 1890s through to the 1930s. *Eisteddfodau* flourished at local level, organized by chapels, colleges and workplaces as well as Welsh societies in England and overseas. Over 450 annual events are said to have regularly awarded a chair and certain individuals, most of whom were nonconformist preachers, won large numbers in their lifetimes. At these gatherings, chairs were often given to choirs, which formed a central part of the cultural life of industrial communities in particular.

The variety of chairs was enormous and the influences diverse, with most being produced and carved by local carpenters. Some made a speciality of these chairs, taking the opportunity to display their creativity and skill in a form that would be widely judged and appreciated. Many thousands were produced, testimony to the number of proficient craftsmen in every part of Wales (as well, of course, to the number of poets and choristers).

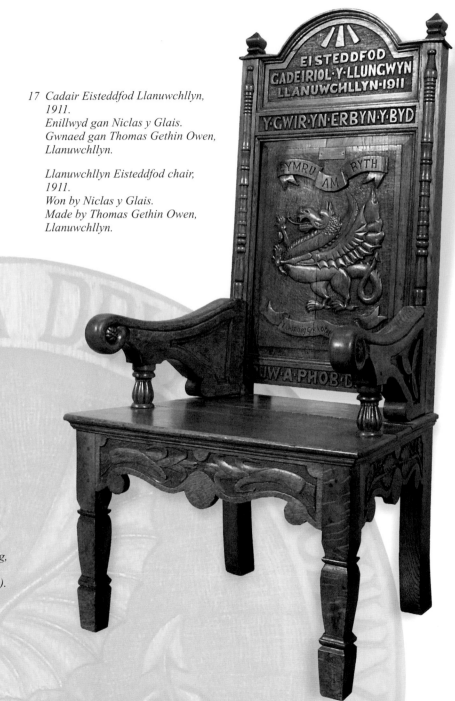

17 *Cadair Eisteddfod Llanuwchllyn, 1911.*
Enillwyd gan Niclas y Glais.
Gwnaed gan Thomas Gethin Owen, Llanuwchllyn.

Llanuwchllyn Eisteddfod chair, 1911.
Won by Niclas y Glais.
Made by Thomas Gethin Owen, Llanuwchllyn.

16 *Cadair Eisteddfod Ynys Môn, Pencarnisiog, dim dyddiad, tua 1910.*
Enillwyd gan Niclas y Glais (T E Nicholas).
Gwnaed gan W O Jones, Llangefni.

Anglesey Eisteddfod chair, Pencarnisiog, undated, circa 1910.
Won by Niclas y Glais (T E Nicholas).
Made by W O Jones, Llangefni.

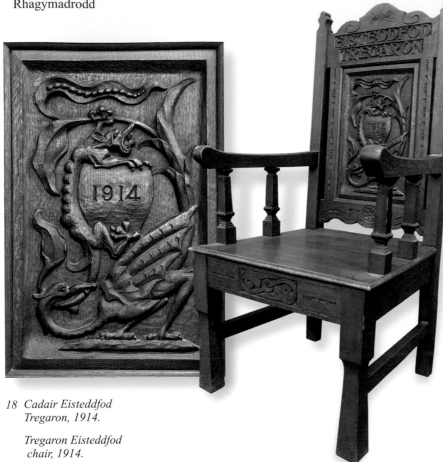

18 *Cadair Eisteddfod
Tregaron, 1914.*

*Tregaron Eisteddfod
chair, 1914.*

Mae'r gadair eisteddfodol nodweddiadol o wneuthuriad traddodiadol, ac yn aml yn ymwybodol hynafol ei ffurf. Mae'r rhan fwyaf wedi eu gwneud o dderw brodorol; pren clodfawr a ffafriwyd ar hyd y canrifoedd at wneud dodrefn, heb sôn am y cysylltiad derwyddol. Ni ffafriwyd peintio na staenio'r cadeiriau (a fyddai'n cuddio graen y pren), er efallai y disgwylid hynny gan ddylunwyr a chrefftwyr yn eu hymchwil am gynddelwau hynafol.

Er bod cadeiriau eisteddfodol yn gwbl nodweddiadol, maent yn rhan o ddatblygiad rhyngwladol ehangach yn hanes cadeiriau seremonïol. Gwelwyd cadeiriau o'i bath mewn ardaloedd ac ar achlysuron eraill ym maes crefydd, y gyfraith a'r Seiri Rhyddion.

Ffafriwyd rhai ffurfiau arbennig ar wahanol gyfnodau, ond mae'r amrywiaeth yn aruthrol, ynghyd ag elfennau dyfeisgar nad ydynt bob tro'n dilyn cronoleg glir. Ym 1926, er enghraifft, yn Eisteddfod Genedlaethol Abertawe, cyflwynwyd cadair hynod addurniadol o Shanghai; dyluniodd John Morris-Jones gadair syml ar batrwm 'Elisabethaidd' ar gyfer eisteddfod Llanfair Pwllgwyngyll; enillodd Côr Cwm-bach gadair enfawr, ddiaddurn yn Aberdâr.

19 *Cadair Eisteddfod Llanbadarn
Fawr, 1914.
Gwnaed gan Hugh Davies,
Dolgellau.*

*Llanbadarn Fawr Eisteddfod
chair, 1914.
Made by Hugh Davies,
Dolgellau.*

20 *Dewi Mai o Feirion*
(David John Roberts, 1873-1956).

20 Dewi Mai o Feirion
(David John Roberts, 1873-1956).

21 *Cadair Eisteddfod*
Llangollen, 1923.

Llangollen Eisteddfod
chair, 1923.

The archetypal eisteddfod chair is of traditional construction and often self-consciously archaic in appearance. The overwhelming majority are in native oak which, in addition to its druidic associations, has been the favoured and most prestigious material for furniture making in Wales through the centuries. Painted and stained finishes (which would have obscured the timber) were, therefore, rarely used, even though that might have been expected from the search by designers and craftsmen for ancient prototypes.

Although eisteddfod chairs are a distinctive form, they have always been influenced by wider international furniture developments, and are part of the category of ceremonial seating found in other regions and activities, including the religious, judicial and Masonic.

Even though some styles were favoured at certain times, a tremendous variety is encountered with a free and inventive use of elements and not always a clear chronological sequence. In 1926, for example, the National at Swansea presented an extremely ornate example made in Shanghai; John Morris-Jones designed a plain 'Elizabethan' model for Llanfair Pwllgwyngyll; whilst the Cwmbach Choir won a substantial yet undecorated chair at Aberdare.

Comisiynwyd cadeiriau mewn nifer o wahanol ffyrdd. O'r 1870au hyd ddechrau'r 1900au, cynhaliwyd cystadlaethau yn adran Celf a Chrefft yr Eisteddfod Genedlaethol o bryd i'w gilydd i lunio'r gadair farddol orau, a'i chyflwyno'n wobr i'r bardd buddugol. O ganlyniad, byddai cadeiriau'n weddill wedi'r gystadleuaeth ac mae'n bosib i'r rhain gael eu defnyddio mewn eisteddfodau llai, neu eu cadw gan y gwneuthurwyr. Weithiau, ni fyddai bardd yn deilwng o'r brif wobr felly mae rhai cadeiriau nas dyfarnwyd wedi goroesi. Ceir un enghraifft gywrain o'r fath gyda tharian wag ar gefn y gadair, a fwriedid mae'n debyg ar gyfer arysgrif.

Ymddengys bod y mwyafrif o gadeiriau wedi eu comisiynu a'u cyflwyno gan noddwr, yn aml gan Gymry alltud neu gymdeithasau Cymreig dramor. Yn yr eisteddfodau rhanbarthol, mae'n bosib y comisiynwyd crefftwyr neu gwmnïau dodrefn gan y pwyllgorau, neu dro arall cyflwynwyd y cadeiriau yn rhodd. Hysbysebai cwmnïau dodrefn mewn cyfnodolion yn cynnig cyflenwi eu cynnyrch i'r eisteddfodau. Ar nifer o gadeiriau barddol, yn hytrach na llythrennu cerfiedig ceir placiau pres neu arian i ddynodi'r digwyddiad a'r enillydd – arwydd efallai nad oeddent wedi eu pennu at un digwyddiad arbennig. Mae golwg cadeiriau cyffredin ar rai ohonynt, heb unrhyw ychwanegiadau cerfiedig, llythrennu na phlac, dim ond atgof teuluol yn dystiolaeth eu bod unwaith yn wobrau arbennig mewn eisteddfodau.

22 *Cadair Eisteddfod Hermon, 1924.*
Enillwyd gan Madog Fychan (Gwilym T Jones). Gwnaed gan Harry M Fuller, Glanaman.

Hermon Eisteddfod chair, 1924.
Won by Madog Fychan (Gwilym T Jones). Made by Harry M Fuller, Glanaman.

23 *Cadair Eisteddfod Powys, Aberriw, 1925.*
Gwnaed gan D R Gethin.

Powys Eisteddfod chair, Berriew, 1925.
Made by D R Gethin.

Chairs were commissioned in a variety of ways. From the 1870s to the early 1900s there was sometimes a competition in the Art and Crafts section of the National for the best bardic chair, which was then awarded to the winning poet. This presumably left some surplus which may have been used at lesser events or simply kept by the maker. Occasionally, no poet was deemed worthy of the prize and some extant chairs were never actually awarded. One elaborate example from this period has been recorded which has a blank shield in the back, presumably awaiting the addition of an inscription.

Most chairs seem to have been commissioned and presented by a benefactor, sometimes an expatriate or overseas association. At more local events, craftsmen or furniture companies may have been selected by committees or even have donated their products. Periodicals giving notices of forthcoming events carried advertisements from firms offering to supply bardic chairs. Many surviving examples have a brass or silver plaque commemorating the event or winner,

rather than carved lettering and perhaps were not intended for a specific festival. Some of these are 'everyday' pieces with no carved embellishment of any sort. There are chairs that have neither lettering nor a plaque, family memory providing the only evidence that they were awarded at an eisteddfod.

25 Cadeiriau a ddyfarnwyd i Evan Jones Bryn, Diacon Capel Annibynwyr Cwmllynfell. Chwith i'r dde: Aberaeron 1929, Tabernacl 1922, Gwynfe 1935. Gwnaed yr olaf (ar y chwith) gan David Morris, Llanwrda.

Chairs awarded to Evan Jones Bryn, Deacon of Cwmllynfell Independent Chapel. Left to right: Aberaeron 1929, Tabernacl 1922, Gwynfe 1935. The last (inset) was made by David Morris, Llanwrda.

24 Cadair Eisteddfod Pentrefoelas, 1926.

Pentrefoelas Eisteddfod chair, 1926.

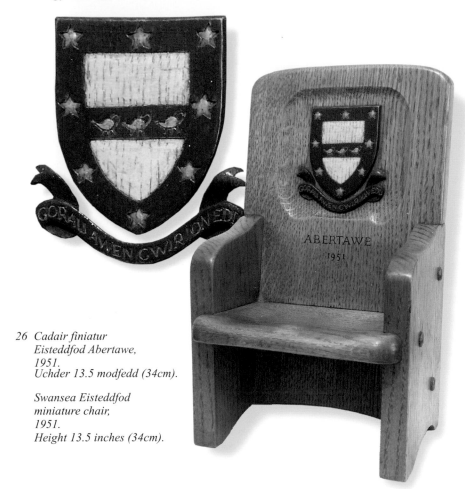

26 Cadair finiatur
    Eisteddfod Abertawe,
    1951.
    Uchder 13.5 modfedd (34cm).

    Swansea Eisteddfod
    miniature chair,
    1951.
    Height 13.5 inches (34cm).

neu gwmni. Yn yr eisteddfodau lleol ac eisteddfodau'r ysgolion rhoddir cadeiriau miniatur yn wobrau gan amlaf ond weithiau ceir cadeiriau o lawn faint. Er yr ymwybyddiaeth o gadeiriau Cenedlaethol a dylanwadau cyfoes, mae'r enghreifftiau hyn yn dueddol o gadw at elfennau traddodiadol, syml eu dyluniad a'u gwneuthuriad gyda llai o addurn na chynt.

27 Seremoni gadeirio
    Eisteddfod Llanegryn, 1953.

    Chairing ceremony at
    Llanegryn Eisteddfod, 1953.

Erbyn heddiw, comisiynir y gadair Genedlaethol gan gymdeithas leol o ddalgylch y brifwyl. Gofynnir am gadair sy'n cynrychioli elfennau o'r ardal leol a'r comisiynwyr sy'n gyfrifol am ddethol dylunydd neu grefftwr i wneud y gwaith. Cyflwynir y gadair orffenedig i Bwyllgor Gwaith yr Eisteddfod. Mae'r cadeiriau yn aml yn cyfuno elfennau dyfeisgar a hanesyddol. Yn yr un modd, cyflwynir cadair yn flynyddol yn Eisteddfod Genedlaethol yr Urdd ar gyfer y brif wobr lenyddol. Comisiynir hon gan sefydliad, unigolyn

The current practice at National level is for an organization in the locality where the event is to be held to commission someone to design something which represents the district and, if necessary, to select a separate craftsman to produce the finished article. This is then presented to the Eisteddfod Committee. Such chairs typically combine innovation with a concern for historical antecedents. Similarly, the National Eisteddfod held by *Urdd Gobaith Cymru* (Welsh League of Youth) is given a chair each year, usually commissioned by an institution, an individual or company to be awarded as the main literary prize. Local and regional events, as well as school *eisteddfodau*, usually award miniatures. But those of full size still presented, whilst not oblivious to the National chairs or to modern influences, tend more toward the traditional in both construction and design, although with less carved embellishment than previously.

28 *Cadeirio Mathonwy Hughes yn Eisteddfod Genedlaethol Aberdâr, 1956.*

Mathonwy Hughes being chaired at the National Eisteddfod, Aberdare, 1956.

Heddiw, mae dadorchuddio'r gadair Genedlaethol yn destun diddordeb mawr neu weithiau'n bwnc llosg a rhoddir cryn sylw i'r dylunydd a'r gwneuthurwr. Mae'r gadair yn cael ei harddangos ar lwyfan y brifwyl drwy gydol yr wythnos a'i defnyddio yn y prif seremonïau gan gynnwys y coroni a'r fedal ryddiaith. Ond mae cadeirio'r bardd buddugol a drama seremoni'r Orsedd yn un o uchafbwyntiau wythnos yr Eisteddfod o hyd.

Mae'r mudiad eisteddfodol modern, gyda'i amcanion diwylliannol eang, yn wahanol iawn i wyliau'r gorffennol. Yn y 1920au yr oedd y corau meibion o'r Cymoedd yn chwarae rhan flaenllaw yn y digwyddiadau, ac yn y 1820au yr ychydig dethol a ffugiodd orffennol derwyddol; yr oedd y cystadlu wedi datblygu o'r cyfarfodydd yn nhafarndai'r ddeunawfed ganrif, a oedd hefyd yn ymgais i adfywio'r cynulliadau canoloesol a Thuduraidd o dan nawdd y bonedd. Ond y llinyn cyswllt drwy'r cyfnodau yw'r gadair arbennig a ddyfarnwyd yn ganolbwynt i'r achlysur. Yn y llyfr hwn cawn ddathlu'r traddodiad cynhenid Cymreig.

29 *Cadair Eisteddfod Dyffryn Conwy,*
1990.
Enillwyd gan Myrddin ap Dafydd.
Gwnaed gan Theodore Davies,
Glyn Ceiriog.

Dyffryn Conwy Eisteddfod chair,
1990.
Won by Myrddin ap Dafydd.
Made by Theodore Davies,
Glyn Ceiriog.

Much interest, and sometimes controversy, surrounds the unveiling of the National chair today, with both designer and maker being publicly acknowledged. It is displayed on the Eisteddfod pavilion stage throughout the week and used in all of the main ceremonies, including the presentation of both the crown (for free verse) and medal (for prose). But the chairing of the winner of the contest for the best poem in traditional strict-metre is the most dramatic of the Gorsedd ceremonies and remains one of the highlights of the festival.

The modern eisteddfod, with its broad cultural aims, is not the same type of event as those of the past. In the 1920s the mass male voice choirs of the Valleys dominated the proceedings, and in the 1820s a select few had conjured up a ficticious druidic past; the contests had developed from the 18th-century meetings which took place in taverns, which were themselves an attempt to revive the gatherings of the medieval and Tudor periods held under aristocratic patronage. There is, however, one constant – prize winners were awarded a special chair as a central part of the proceedings and this book celebrates what is a peculiarly Welsh tradition.

30 *Cadair Eisteddfod Aberteifi,*
    1992.
    Enillwyd gan Tudur Dylan Jones.
    Gwnaed gan John Adams,
    Aberteifi.

    Cardigan Eisteddfod chair,
    1992.
    Won by Tudur Dylan Jones.
    Made by John Adams, Cardigan.

31 *Cadeirio Huw Meirion Edwards*
    yn Eisteddfod Genedlaethol
    Casnewydd, 2004.

    Huw Meirion Edwards being
    chaired at the National Eisteddfod,
    Newport, 2004.

Pennod Un

1176-1788

CHAPTER ONE

1176-1788

32 Y Penteulu.
LlGC Llsgr. Peniarth 28,
canol 13eg ganrif.

The Head of the Household.
NLW Peniarth ms 28,
mid-13th century.

33 Yr Ynad Llys.
LlGC Llsgr. Peniarth 28,
canol 13eg ganrif.

The Judge of the Court.
NLW Peniarth ms 28,
mid-13th century.

YN y llysoedd canoloesol arferai'r beirdd ganu i gyfeiliant y delyn neu'r crwth. Tua chanol y ddegfed ganrif cyfeiriwyd at y cysylltiad rhwng barddoni a chadeiriau yng nghyfreithiau Hywel Dda wrth ddatgan mai bardd a enillodd gadair oedd pencerdd: 'Sef uyd penkerd. Y bard pan enillo kadeir.' Gwobrwywyd y pencerdd yn dilyn ymryson â beirdd eraill a chydnabuwyd ei statws breintiedig yn y llys brenhinol drwy roi lle iddo eistedd gerllaw'r edling. Nid oedd gan y bardd teulu yr un statws er ei fod yntau yn un o'r pedwar swyddog ar hugain yn y llys brenhinol.

Yn y cyfnod hwn roedd cadeiriau unigol yn bethau prin yn Ewrop ac yn adlewyrchiad o statws eu perchnogion. Rhoddwyd cryn bwysigrwydd i drefniadau eistedd gan fod seddi yn gysylltiedig â braint ac urddas. Yn llawysgrif Peniarth, sy'n dyddio i ganol y drydedd ganrif ar ddeg, mae dau ddarlun manwl o ynad llys a phenteulu yn eistedd ar gadeiriau y tybir eu bod o'r un cyfnod *(32, 33)*. Ceir sawl cyfeiriad sy'n awgrymu y defnyddiwyd clustogau hefyd gyda'r cadeiriau hyn. Roeddent yn gadeiriau symudol gyda breichiau a chefnau isel, oedd wedi eu siapio ac yn gogwyddo tuag yn ôl. Parhawyd i ddefnyddio'r dyluniad nodweddiadol ac ymarferol hwn yng Nghymru am weddill y mileniwm.

Mae'r cyfeiriad cynharaf at eisteddfod i'w weld ym *Mrut y Tywysogion*, adeg y Nadolig, 1176:

> Cynhaliodd Yr Arglwydd Rhys ap Gruffudd ei lys ardderchog yng Nghastell Aberteifi. Yno, gosododd ddau ymryson: un rhwng beirdd a phrydyddion, un arall rhwng telynorion, crythorion, pibyddion ac amryfal gerddorion. Roedd ganddo ddwy gadair i wobrwyo'r gorchfygwyr.

parhad ...

IN the medieval Welsh court poets sang to musical accompaniment, normally on a harp or *crwth*. The connection between poetry and chairs was recognized by the mid-10th century, with the Laws of Hywel Dda specifying that 'the *pencerdd* [chief of song] is the bard who wins a chair'. This prestigious office carried a seating position in the royal hall next to the heir apparent and was awarded following a competition with other poets. The *bardd teulu*, or household poet, was of lesser status but was one of the twenty-four officers of the king's court.

Individual chairs were rare articles throughout Europe, symbolizing the importance of their occupants, and seating arrangements were strictly delineated and imbued with ideas of precedence and dignity. Two detailed illustrations in a mid-13th-century manuscript show the court judge and the chief of household in the type of chair which was presumably current at the time *(32, 33)*. Numerous references indicate that these chairs were used with cushions. They were free-standing and moveable, with arms and low backs which had shaped tops and a pronounced backward lean. This distinctive and practical design continued in usage in Wales for the rest of the millennium.

The earliest reference to an eisteddfod occurs in *The Chronicle of the Princes*, when in 1176 at Christmas:

> The Lord Rhys ap Gruffudd held court in splendour at Cardigan, in the castle. And he set two kinds of contest there: one between bards and poets, another between harpists and crowthers and pipers and various classes of music-craft. And he had two chairs set for the victors.

continued ...

34 Brenin Cymreig.
Llanbeblig Book of Hours,
diwedd 14eg ganrif – dechrau'r 15fed ganrif.

Welsh king.
Llanbeblig Book of Hours,
late-14th – early-15th century.

Roedd Rhys ap Gruffudd yn dywysog pwerus a deyrnasai dros y Deheubarth o Ddinefwr yn Nyffryn Tywi fel is-raglyw i Harri II. Cyhoeddwyd ei ymryson 'drwy Gymru a Lloegr a'r Alban ac Iwerddon a'r Ynysoedd eraill i gyd', gyda chadair y prifardd yn mynd i ogledd Cymru a chadair y prif delynor yn mynd i'r de. Ceir dehongliadau mewn llenyddiaeth ddiweddarach sy'n ategu pwysigrwydd y gadair yn y seremonïau hynny. Nododd Edward Jones (yr hunanhonedig 'Bardd y Brenin') ym 1808 fod eisteddfodau yn cael eu cynnal bob tair blynedd yn y tri llys brenhinol yn Aberffraw, Dinefwr a Mathrafal er mwyn safoni'r farddoniaeth a chyflwyno graddau. Cynhaliwyd ymryson rhwng y beirdd cymwysedig a alwyd, un wrth un, i ddarllen eu barddoniaeth o'r gadair. Rhoddwyd y bardd buddugol i eistedd mewn cadair fawreddog, a'i alw'n 'Fardd Cadeiriawg', sef prifardd.

Yn ogystal â'r cadeiriau a welir yn llawysgrifau'r cyfnod, roedd cadeiriau ar ffurfiau eraill yn bodoli hefyd, a wnaed o estyll pren wedi eu hoelio at ei gilydd (35). Gallai cadeiriau o'r gwneuthuriad symlaf hyd yn oed fod yn fawreddog o ran eu maint. Roedd yr orsedd frenhinol ei hun wedi ei gorchuddio gan decstilau moethus ac nid oedd yn annhebyg ei ffurf i'r gadair seremonïol a ddefnyddir gan yr Archdderwydd heddiw *(34, gweler 217 a 249)*.

Rhys ap Gruffudd was a powerful prince who ruled the south-west, as Viceregent for Henry II, from Dinefwr in the Towy valley. His contest was proclaimed 'through all Wales and England and Scotland and Ireland and the other islands', with the poet's prize going to north Wales and the prize for the chief harpist going to south Wales. Subsequent interpretations of the literature of the period have emphasized the importance of the chair in these ceremonies. In 1808, Edward Jones (self-proclaimed 'Bard to the King') wrote that *eisteddfodau* were held triennially at the three royal courts of Aberffraw, Dinefwr and Mathrafal, regulating poetry and conferring degrees. A contest was held, with each of the qualified poets called in order to the chair to perform, and the winner 'was seated in a magnificent chair, and was hence called *Bardd Cadeiriawg*, the Chair-Bard', otherwise known as 'the Chief Bard'.

Besides those shown in contemporary documents, other styles of chair were known, including those made of large boards simply nailed or dowelled together (35). Chairs made using the most basic methods of construction could still be of majestic proportions. The royal throne itself was covered in elaborate textiles, and in overall form was not unlike that used today for the Archdruid's ceremonial seat *(34, see 217 and 249)*.

35 *Cadair estyllog o Bontycymer, Morgannwg. 16eg ganrif o bosibl.*

Oak boarded chair from Pontycymer, Glamorgan. This example is possibly 16th century.

36 Cadair durniedig o bren onnen, o Dregib,
ger Llandeilo, sir Gaerfyrddin, 15fed ganrif.

Ash turned chair from Tregib, nr Llandeilo,
Carmarthenshire, 15th century.

37 Telynor Gwyddelig.
Topographia Hiberniae, tua 1200.

Irish harper.
Topographia Hiberniae, circa 1200.

Caerfyrddin 1451 Carmarthen

R ôl colli annibyniaeth a nawdd brenhinol yng Nghymru wedi marwolaeth Llywelyn ap Gruffudd ym 1282, teithiai'r beirdd o amgylch y plastai. Dibynnai'r bonedd ar y genhedlaeth newydd o feirdd-achyddion i ganu eu mawl a chyfiawnhau eu safle a'u cyfoeth yn y gymdeithas.

Tua 1451, cynhaliodd Gruffudd ap Nicolas o Ddinefwr eisteddfod yng Nghaerfyrddin gyda'r nod o adfywio'r gyfundrefn farddol a diogelu breintiau a statws y beirdd a'r telynorion proffesiynol. Parhaodd yr ŵyl am gyfnod o dri mis a dyfarnwyd y bardd Dafydd ab Edmwnd, o sir y Fflint, â 'chadair arian' am ei fesurau cymhleth. Yn ddiweddarach honnodd ysgrifenwyr fod hon yn fedal symbolaidd. Yn y cyfnod yma, byddai'n gyffredin i beintio neu liwio dodrefn ac eitemau pren ac mae'n bosib mai cadair wedi ei pheintio â lliw arian oedd hon. Defnyddid pigment arian yn herodraeth y cyfnod felly byddai ar gael, yn sicr, i noddwr o'r fath.

Mae cadair drawiadol ac addurniadol o'r un cyfnod a'r un ardal wedi goroesi a chanddi olion paent a throedlath yn dangos ei bod unwaith yn gadair o statws *(36)*. Dyma fath arall o gadair ag iddi ddyddiad cynnar. Credir i'r cynllun hanu yn wreiddiol o Sgandinafia ac iddo ddod i Gymru ar draws Môr Iwerddon *(37)* gan ddatblygu yn fath nodweddiadol o gadair gydag enghreifftiau â thair a phedair coes *(38)*.

38 Cadair o'r Porth, Cwm Rhondda, 15fed – 16eg ganrif.

Chair from Porth, Rhondda Valley, 15th – 16th century.

FTER the loss of Welsh independence and royal patronage with the death of Llywelyn ap Gruffudd in 1282, the poets travelled around the leading houses. The gentry relied on new generations of poet-genealogists to extol their virtues and justify their wealth and position in society.

In circa 1451 Gruffudd ap Nicolas of Dinefwr held a grand eisteddfod at Carmarthen with the aim of reviving the system that had regulated the orally-transmitted bardic tradition and preserved the privileges and status of the professional poets and harpists. In an event said to have lasted three months, complex metres were introduced by Dafydd ab Edmwnd of Flintshire, who is recorded as winning the 'silver chair'. This has been assumed by later writers to have been a symbolic medal. But in this period furniture and other wooden articles were often coloured, and it may have been that it was the actual chair used in the ceremony that was silver, a popular heraldic pigment which would have been readily available to such a patron.

An impressive and ornate chair of the period survives from the district *(36)*. It has a footboard, showing it to have been a chair of status, and bears traces of original paint. This is another chair type known from an early date. The design, which was of probable Scandinavian origin, had arrived in Wales via the Irish Sea region *(37)* and subsequently evolved into a distinctive type with both four-legged and three-legged varieties *(38)*.

39 Cadair uniadau o dderw, a wnaed
i Syr Rhys ap Tomos o Ddinefwr,
tua 1505.

Oak joined chair made for
Sir Rhys ap Thomas of Dinefwr,
circa 1505.

YN 1523 cynhaliwyd eisteddfod o dan nawdd Richard ap Hywel ap Ieuan Fychan o Fostyn. Roedd yn gynulliad ffurfiol a honnai sêl bendith y Goron, gyda'r prif nod o roi trefn ar y gyfundrefn farddol ac ailddatgan ei statws drwy raddio a thrwyddedu'r beirdd. Yn y proclamasiwn cyfeiriwyd at Tudur Aled fel 'bardd cadeiriol' ac ategwyd hyn pan enillodd y 'gadair arian'. Dafydd Nantglyn oedd enillydd 'y delyn arian' a chyflwynwyd graddau i eraill. Gwyddys am delyn arian finiatur o Blas Mostyn a'r gred yw mai cadair finiatur a gyflwynwyd ar yr achlysur hwn, ac ar adegau eraill hefyd. Yn ôl Edward Jones, roedd y prifardd yn cael ei 'arwisgo â chadair fechan o arian, neu aur, a wisgai ar ei frest yn arwydd o'i swydd, ac yn crogi ar gadwyn, gyda'r prif gerddor yn gwisgo'r delyn [cyf.]'. Mewn marwnad i Tudur Aled ceir y geiriau: 'Dug ar i wn, fel dau grair … y ddwy gadair'. Mae'n debyg y cafodd y bardd ei gadeirio ar gadair o lawn faint, ac efallai iddo dderbyn medal i'w gadw.

Mae'n bosib bod cadair Caerwys yn debyg i'r gadair a luniwyd tua 1505 ar gyfer Syr Rhys ap Tomos o Ddinefwr, y plasty lle bu farw Tudur Aled *(39)*. Dengys y gadair hon y datblygiad diweddaraf yng ngwneuthuriad dodrefn y cyfnod – uniadau mortais a thyno wedi eu dal â hoelbrennau i gydio preniau wedi eu sgwario. Datblygodd yn ddull traddodiadol ar gyfer gwaith coed o'r safon uchaf.

AN eisteddfod was held in 1523 under the auspices of Richard ap Hywel ap Ieuan Fychan of Mostyn. This was a formal assembly and, claiming medieval royal sanction, the aim was to bring order to the profession and reaffirm its status by grading and licensing the poets. Tudur Aled, referred to in the proclamation as a 'chaired poet', was confirmed in this position and won the 'silver chair'. Dafydd Nantglyn won the 'silver harp' and others were conferred with degrees. A miniature silver harp is known from Mostyn Hall and it has often been assumed that the chair presented on this, and other, occasions was also a miniature. Edward Jones wrote that at the time of being awarded his title the Chief Bard was 'invested with a little silver, or gold chair, which he wore on his breast as the badge of his office, and suspended from a chain, with the chief musician wearing the harp'. An elegy to Tudur Aled stated 'He bore on his gown, like two relics / … the two chairs'. It seems likely that the poet was chaired in a full-size chair, and perhaps given a medal to keep.

The Caerwys chair may have been similar to that made around 1505 for Sir Rhys ap Thomas of Dinefwr, at whose house Tudur Aled died *(39)*. This demonstrated the latest development in furniture design, and the construction – with squared timbers joined using mortice-and-tenon joints held by dowels – was to become the traditional method for the best quality woodwork.

40 Cadair dderw o ogledd Cymru,
tua 1590.

Oak chair from north Wales,
circa 1590.

YM 1567 cynhaliwyd ail eisteddfod yng Nghaerwys gyda'r un amcanion, ond y tro hwn yr oedd o dan nawdd William Mostyn, ŵyr i noddwr y digwyddiad cyntaf. Ef a gomisiynodd y gwobrau gan addo i sicrhau'r dodrefn a'r pethau angenrheidiol ar gyfer y cynulliad. Cyflwynwyd trwydded y 'prif grefftwr' i Simwnt Fychan a chadeiriwyd William Llŷn yn fardd. Yn ôl Thomas Pennant ym 1779, rhoddwyd y bardd 'i eistedd gyda chryn seremoni mewn cadair drawiadol, rhan o'r dodrefn y sonnir amdanynt yn y patent; arwisgwyd ef â'i radd; yna ei enwi'n Gadeirfardd neu Fardd cadeiriawg [cyf.]'. Dychwelwyd yr holl ddodrefn o'r seremoni i Blas Mostyn ac mae'n debyg y benthyciwyd yr un gadair ar gyfer Eisteddfod Conwy ym 1861.

Yng Nghymru roedd gan seiri coed gryn statws a byddai'r beirdd yn aml yn cymharu eu crefft hwythau â chrefft y seiri. Roedd y saernïaeth uchel ei safon mewn derw brodorol gydag addurn yn cyfuno hen draddodiadau â dylanwadau Ewropeaidd cyfoes yn gwbl nodweddiadol o'r cyfnod. Mae nifer o gadeiriau breichiau sy'n dangos gwaith cerfiedig nodweddiadol Gymreig wedi goroesi o'r unfed ganrif ar bymtheg *(40)*. Ond yn y cyfnod hwn, dim ond ym mhlastai'r bonheddwyr cyfoethocaf y byddai'r cadeiriau trawiadol hyn i'w gweld. Mae'n bosib felly mai dyma'r math o gadair a ddefnyddiwyd ar gyfer y bardd yng Nghaerwys ym 1567.

Ym 1594 anfonwyd deiseb i'r Goron i gynnal eisteddfod arall mewn man cyfleus, ond ni ddaeth dim o'r peth. Roedd y gyfundrefn farddol erbyn hyn yn dirywio gan nad oedd y bonedd bellach yn ddibynnol ar y beirdd i ganu eu clodydd a chadarnhau eu safle yn y gymdeithas. O ganlyniad, collodd y beirdd proffesiynol y gallu i ddiogelu eu breintiau, ac ymhen amser, eu bywoliaeth.

THE grandson of the host of the first Caerwys eisteddfod, William Mostyn, was one of the sponsors of a further event with similar aims in 1567. He commissioned the prizes and 'promised to see Furniture and Things necessary provided for that assembly'. Simwnt Fychan was granted a master craftsman's licence and William Llŷn was the chaired bard. According to Thomas Pennant in 1779, he 'was placed with much ceremony on a magnificent chair, part of the *furniture* mentioned in the patent; was there invested with his degree; and then acquired the honourable name of *Cadeirfardd* or *Bardd cadeiriawg*'. Everything connected to the event was returned to Mostyn Hall and the same chair was apparently loaned for use at the Conwy Eisteddfod of 1861.

Within Wales, carpenters had always held status and the poets often compared the craft with their own. Woodwork of this period was typified by high quality workmanship in native oak and by decoration which fused ancient traditions with contemporary European influences. A number of armchairs survive from the late-16th century, often carved with particularly Welsh motifs *(40)*. At this date such articles were only found in the wealthiest of households and were often impressive. It may be that this was the type of chair used for the bard at Caerwys in 1567.

In 1594 there was a petition to the Crown to hold a further eisteddfod 'at a convenient place', but nothing came of it. The bardic circuit was in decline, as the gentry no longer looked for traditional confirmation of their position. The professional poets therefore lost the ability to protect their own privileges and, in time, their livelihood.

41 Cadair dderw wensgot,
o sir Fynwy, canol 17eg ganrif.

Oak 'wainscot' chair from
Monmouthshire, mid-17th century.

42 *Gweledigaethau y Bardd Cwsc*, 1728.

Gweledigaethau y Bardd Cwsc, 1728.

NID oes unrhyw dystiolaeth am gynnal eisteddfodau ffurfiol yn ystod yr ail ganrif ar bymtheg, er i feirdd barhau i ymgynnull ar gyfer 'cymanfáu clêr'. Er bod y rhain yn gystadleuol, nid oedd yr un bri iddynt â'r eisteddfodau cynnar gan nad oedd modd i'r beirdd bellach ennill bywoliaeth o'u crefft. Ni wyddys a gyflwynwyd cadeiriau chwaith, ond mae enghreifftiau o'r un cyfnod o dai bonedd uwch a chanolig, ar draws Cymru, yn dangos gwreiddiau'r math o gadair eisteddfodol a ffafriwyd mewn cyfnodau diweddarach *(41)*.

Ym 1666 aeth Thomas Jones, mab i deiliwr o Gorwen, i Lundain fel llyfrwerthwr ac almanaciwr. O 1680 cyhoeddai almanac blynyddol yn Gymraeg a hysbysebai eisteddfodau. Trefnodd Jones eisteddfod ym Machynlleth ym 1701 'i ddechrau adfywio, a rhoi trefn ar Eisteddfod y Beirdd (fel yr ocddcnt crs talwm), i wahardd ffug-gynghanedd, i esbonio'r pethau cymhleth a manwl, ac i gadarnhau'r hyn sy'n gywir yn y grefft o Farddoni yn yr iaith Gymraeg [cyf.]'. Er mai dim ond pum bardd oedd yn bresennol roedd 'eisteddfodau'r almanaciau' yn nodwedd bwysig ar ddechrau'r ddeunawfed ganrif.

Yn sgil y diddordeb mewn llenyddiaeth ymhlith rhai graddau yng nghymdeithas y cyfnod, daeth astudio llên a hanes cynnar Cymru'n ffasiynol. Ar dudalen flaen llyfr Y Parch. Elis Wyn, Lasynys, *Gweledigaethau'r Bardd Cwsc*, 1728, roedd llun o fardd coronog hynafol yn eistedd mewn cadair drawiadol yn gadarnhad pellach o'r cysylltiad rhwng y ddau *(42)*.

THERE is no evidence of formal *eisteddfodau* in the 17th century, although poets continued to come together for *cymanfau clêr* (assemblies of rhymers). These were competitive, but not as prestigious as before, in an era when poets could no longer earn a living from their craft. It is not known whether chairs were presented, although contemporary examples from gentry and middle-class homes throughout Wales indicate the types available *(41)*. These chairs represent clear antecedents of the style favoured for *eisteddfodau* in later periods.

In 1666 Thomas Jones, a tailor's son from Corwen, moved to London where he became a bookseller and compiler of cheap literary booklets known as almanacs. From 1680 he published an annual almanac in Welsh which carried notices of *eisteddfodau*. Jones himself organized an event at Machynlleth in 1701 which was held 'to begin to renew, and put in order the Eisteddfod of Poets (as they were in old times), to reprimand false *cynghanedd*, to explain the difficult and intricate things, and to confirm what is correct in the art of Poetry in the Welsh language'. Only five poets attended, but the 'almanac *eisteddfodau*' became an important feature of the early-18th century.

The literary interests of certain sections of society were making the study of early Welsh literature and history fashionable. The title page of a book of prose entitled *Gweledigaethau y Bardd Cwsc* (The Visions of the Sleeping Bard) by Revd Elis Wyn of Lasynys, published in 1728, showed an archaic crowned bard in an impressive chair of uncertain type, and confirmed the association between the two *(42)*.

43 Cadair coedyn o bren onnen, o sir Drefaldwyn,
diwedd 18fed ganrif.

Ash stick chair from Montgomeryshire,
late-18th century.

Pen-tyrch

Pentyrch

CYNHALIWYD y cynulliadau anffurfiol, direol hynny o feirdd gwlad, 'eisteddfodau'r almanaciau' fel y'i gelwid, mewn tafarndai. Nodwyd yn *History of Llantrisant*, 1898 (cyf.): 'Mae yna gofnodion am sawl Eisteddfod yn cael ei chynnal mewn tafarndai, yn y ganrif ddiwethaf a'r un bresennol, ac nid oedd yn anghyffredin gweld pobl o bwys a statws uchel yn eu mynychu, lle'r oedd llif naturiol o farddoniaeth fyrfyfyr ac areithyddiaeth yn rhemp.' Tybir bod cadeiriau wedi eu cyflwyno, o leiaf yn ystod rhai o'r achlysuron hyn, o fathau lleol neu frodorol yn hytrach na ffasiynol. Y gadair coedyn, a oedd, yn ei hanfod, yn debyg i'r rheini a welir yn y llawysgrifau canoloesol, fyddai'r math mwyaf tebygol o gadair *(43, 44)*. Er eu bod yn dwyllodrus o syml eu dyluniad, roedd angen cryn grefft i lunio dodrefn defnyddiol a chain o'u math. Mae nifer o'r cadeiriau hyn o faint sylweddol ac yn gysylltiedig ag arweinwyr diwylliant y cyfnod, yn enwedig pregethwyr anghydffurfiol.

Yn ôl *History of Llantrisant*, cynhaliwyd Eisteddfod, neu gyfarfod o Feirdd, yn y Garth, Pen-tyrch, tua 1770, lle roedd Mr Edward Williams, hynafiaethydd dysgedig (a adwaenid fel Iolo Morganwg) yn bresennol. Roedd Iolo, saer maen lleol, yn dair ar hugain oed ar y pryd ac yn y blynyddoedd dilynol cafodd gryn ddylanwad ar ddatblygiad y mudiad eisteddfodol gyda'i hanes ffug-ramantus am arferion derwyddol Celtaidd.

44 Cadair coedyn o dderw, diwedd 18fed ganrif.

Oak stick chair, late-18th century.

THE informal and unregulated meetings of country poets advertised in almanacs were held in taverns. The *History of Llantrisant*, published in 1898, states that, 'There are records of several Eisteddfodau being held in public houses, in the last and present century, and it was no unusual thing to find people of note and high standing presiding at those meetings, when a natural flow of impromptu poetry and elocution was rife.' Chairs may have been presented, at least on occasion, and may have been in a local and vernacular, rather than fashionable, style. Perhaps the most likely type was a stick chair, essentially the same as those seen in the medieval manuscripts *(43, 44)*. Deceptively simple in design, it required great skill to make such serviceable and elegant furniture. Many of these chairs are of impressive proportions and similar pieces were often associated with cultural figureheads, particularly nonconformist preachers, in this period.

According to the *History of Llantrisant*, 'It is said that about 1770, an Eisteddfod, or meeting of Bards, was held at Garth, Pentyrch, in which Mr Edward Williams, a learned antiquarian (known as "Iolo Morganwg") presided.' Iolo, a local stonemason, would have been twenty-three years old at the time, and in the following years he was to have a profound influence on the eisteddfod movement with his fabricated and Romantic history of Celtic druidic practices.

45 *Cadair Eisteddfod Llanrwst, 1788.*

Llanrwst Eisteddfod chair, 1788.

Llanrwst

1788

Llanrwst

MEWN cynulliad yn Llanrwst ym 1788, enillwyd cadair gan Twm o'r Nant (Thomas Edwards), saer maen a chludwr coed a oedd yn gweithio yng ngogledd a de Cymru. Yr oedd hefyd yn awdur anterliwtiau, a rhoddwyd iddo'r enw '*the Cambrian Shakespeare*'. Mae'r gadair a enillodd yn enghraifft arbennig o'r math o ddodrefn a gynhyrchwyd yn Nyffryn Conwy ac mae'n dyddio o tua dechrau'r ddeunawfed ganrif *(45)*. Nid cadair wedi ei saernïo yn arbennig ar gyfer yr achlysur ydoedd felly; mae'n bosib ei bod yn rhodd gan noddwr lleol neu fod iddi arwyddocâd amgenach. Mae plac pres arni, a ychwanegwyd yn y bedwaredd ganrif ar bymtheg, yn honni mai hon oedd yr enghraifft gyntaf yn y traddodiad o gyflwyno cadair yn wobr. Er hynny, credir na roddwyd y gadair i'r bardd i'w chadw am iddi oroesi mewn plasty yn yr un ardal. Enillodd Twm o'r Nant gadair arall yn Llanelwy ym 1790 am farddoniaeth fyrfyfyr ac enillodd y bardd Dafydd Ddu Eryri (David Thomas) gadair am awdl ar yr un achlysur. Ond ni chadwodd Twm y gadair yma chwaith gan iddi gael ei defnyddio mewn tair eisteddfod arall ym 1828, 1850 a 1860.

AT a gathering in Llanrwst in 1788 a chair was won by Twm o'r Nant (the nickname of Thomas Edwards), a stonemason and timber haulier who worked in both north and south Wales. He was a writer of popular satirical plays and has been dubbed 'the Cambrian Shakespeare'. The chair is a particularly fine example of the furniture produced in the Conwy Valley and dates from about seventy or eighty years previously *(45)*. It had therefore not been made especially for the event, but may have been donated by a local sponsor and was perhaps regarded as appropriate because of its quality or associations. It bears a brass plaque, which was put on in the 19th century, claiming it as the first example of the tradition of presenting chairs, although, since it survives in a mansion in the district, it was probably not kept by the poet. Twm o'r Nant won another chair at St Asaph in 1790 for impromptu poetry, with a chair for an ode going to Dafydd Ddu Eryri (David Thomas). Twm o'r Nant presumably did not keep his after this event either, as it was used again on three occasions in 1828, 1850 and 1860.

46 *Cadair dderw â phlac yn honni mai Twm o'r Nant oedd ei pherchennog, tua 1780.*

Oak chair bearing a plaque claiming ownership by Twm o'r Nant, circa 1780.

$\mathcal{P}$ENNOD DAU

1789-1875

CHAPTER TWO

1789-1875

47 Cadair gornel o Nannau,
ger Dolgellau, dechrau'r 18fed ganrif.

Corner chair from Nannau,
near Dolgellau, early-18th century.

Llangollen  1789 Llangollen

CYNHALIWYD eisteddfod yn Llangollen ym mis Ionawr 1789 ond oherwydd y tywydd gwael, dim ond pedwar bardd oedd yn bresennol. Trefnwyd y digwyddiad gan fardd o'r dref, Jonathan Hughes, a oedd yn nodweddiadol o feirdd gwlad y cyfnod. Cyfansoddodd gerddi toreithiog gyda'r bwriad iddynt gael eu canu ar donau caneuon poblogaidd. Cyfansoddai hefyd yn y mesurau caeth, ac yn Llangollen mae'n debyg iddo ennill y gadair. Dangosodd ei ŵyr, a oedd hefyd yn fardd, y gadair i George Borrow a ysgrifennodd ym 1862 fod ei westywr wedi 'ei arwain i ystafell wely ar y dde, lle y dangosodd imi, mewn congl, hen gadair dair-cornel. "Y gadair hon," meddai, "enillodd fy nghyndaid yn Llangollen, mewn Eisteddfod o Feirdd" [cyf.].'

Efallai mai cadair coedyn deircoes oedd hon, neu gadair gornel o fath ffasiynol, a fyddai'n aml yn cyfuno nodweddion lleol ac a oedd yn arddull boblogaidd yng Nghymru ar ddiwedd y ddeunawfed ganrif *(47, 48)*.

AN eisteddfod was held in Llangollen in January 1789 but, because of the bad weather, was only attended by four poets. It was organized by Jonathan Hughes of the town, who was typical of the rural poets of the period. His prolific output was intended to be sung to popular tunes, but he also composed in the strict metres, and at Llangollen Hughes apparently won the chair himself. His grandson, also a poet, showed it to George Borrow, who wrote in 1862 that, '[his host] led me into a sleeping room on the right hand, where in a corner he showed me an antique three-cornered chair. "That chair", said he, "my grandsire won at Llangollen, at an Eisteddfod of Bards".'

This chair may have been a three-legged stick chair, or one of the more fashionable 'corner' chairs, which often incorporated local characteristics and were a popular style in Wales in the 18th century *(47, 48)*.

48 *Cadair gornel o Nannau, ger Dolgellau, 19eg ganrif.*

Corner chair from Nannau, near Dolgellau, 19th century.

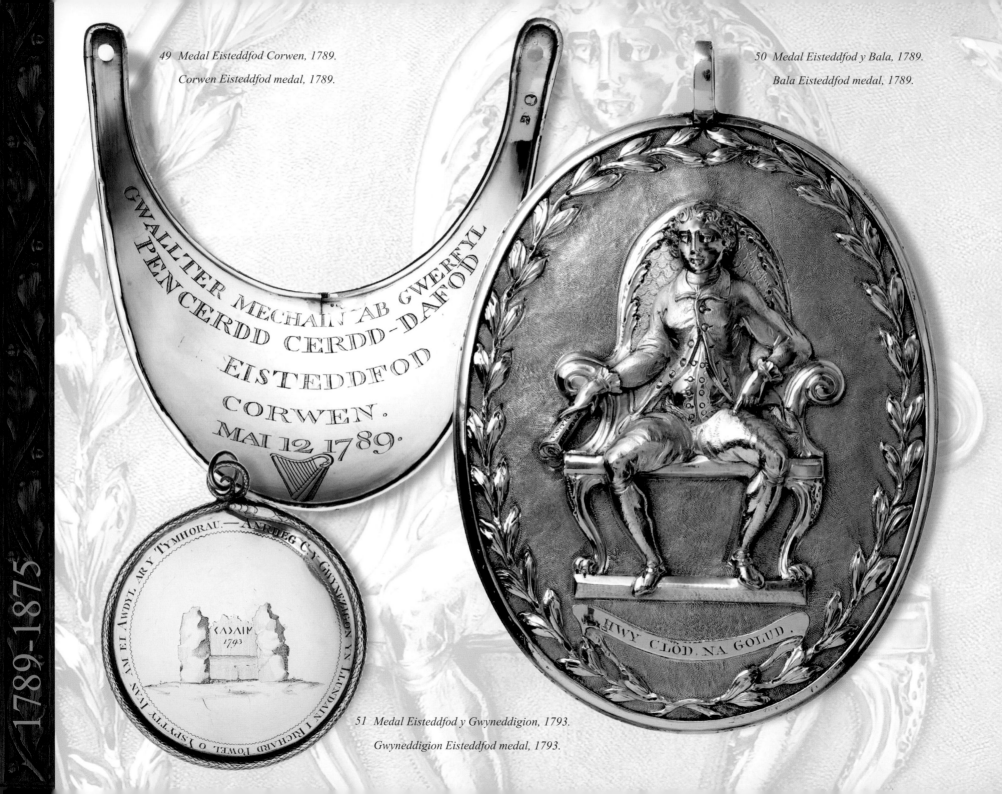

49 Medal Eisteddfod Corwen, 1789.

Corwen Eisteddfod medal, 1789.

50 Medal Eisteddfod y Bala, 1789.

Bala Eisteddfod medal, 1789.

GWALLTER MECHAIN AB GWERFYL PENCERDD CERDD-DAFOD EISTEDDFOD CORWEN. MAI 12 1789.

YVAN AM EI AWDYL AR Y TYMHORAU. — ANRHEG Y GWYNEDIGION YN LLUNDAIN I RICHARD TOWEL O SPYTTY

CADAIR 1793

HWY CLÔD NA GOLUD.

51 Medal Eisteddfod y Gwyneddigion, 1793.

Gwyneddigion Eisteddfod medal, 1793.

Y Bala · 1789 · Bala

Yn sgil y diffyg presenoldeb yn Llangollen, aeth Jonathan Hughes ar ofyn y Gwyneddigion, cymdeithas ddiwylliannol o ogleddwyr alltud yn Llundain, a oedd yn awyddus i hyrwyddo eu traddodiadau llafar a llenyddol. Aethant ati i ffurfioli'r digwyddiadau a denu cynulleidfa ehangach drwy gynnal cystadlaethau i gantorion a cherddorion yn ogystal â beirdd, yn union fel a fu yn y cyfnod cynnar. Gosodwyd y testunau o flaen llaw, cafwyd beirniaid cydnabyddedig a gwobrau sylweddol, ac yr oedd mynediad i'r cyhoedd. Nodai'r rheolau fod enillydd cystadleuaeth y gerdd orau i wisgo 'telyn arian' cyn ei osod i eistedd mewn cadair.

Yng Nghorwen ym mis Mai 1789, rhoddodd Edward Jones fedal ar gyfer y canwr gorau a thalodd y bonheddwyr lleol am fedal a elwid yn 'gadair arian', ond ar ffurf bronfollt filwrol (49). Hyrwyddwyd y digwyddiad gan yr ecseismon lleol, Thomas Jones, ac fe'i cynhaliwyd yng Ngwesty Owain Glyndŵr, lle roedd nifer o'r bonedd ac offeiriaid yn bresennol. Eisteddodd y beirdd o amgylch bwrdd mawr yng nghanol yr ystafell a chyfansoddi ar wahanol destunau, gan ddefnyddio'r pedair mesur ar hugain a restrir yn *Grammadeg Cymraeg* yr almanaciwr, Siôn Rhydderch, 1728. Wedi hir drafod, penderfynwyd mai Gwallter Mechain (Y Parch. Walter Davies) oedd yn fuddugol yn erbyn Jonathan Hughes a Twm o'r Nant. Enillodd y gadair yn ogystal â'r 'gadair arian'.

Ef hefyd oedd enillydd y gadair a'r fedal yn y Bala ym mis Medi. Comisiynwyd y gwaith o lunio'r fedal at yr achlysur hwn gan Augustin Dupré, ysgythrwr swyddogol Gweriniaeth Ffrainc. Mae'n portreadu bonheddwr ifanc yn eistedd ar gadair debyg i orsedd wedi ei chodi ar lwyfan (50). Cynhaliodd y bardd aflwyddiannus, Twm o'r Nant, anterliwt yn y dref am ychydig ddiwrnodau wedi'r digwyddiad.

Ar fedal arian arall a gyflwynwyd gan y Gwyneddigion ym 1793, mae ysgythriad o orsedd dderwyddol gyntefig wedi ei gwneud o garreg (51). Y flwyddyn ganlynol, yn Nolgellau, cyflwynwyd 'dwy o Gadeiriau hardd' gan y bonedd lleol yn wobrau am yr awdl a'r gerdd fyrfyfyr orau.

AFTER the low turnout at Llangollen, Jonathan Hughes enlisted the support of the Gwyneddigion, a cultural society of north-Walian expatriates in London who sought to promote their native oral and literary traditions. They formalized the proceedings and attracted a wider audience through competitions for singers and musicians as well as poets, as had been the practice in earlier periods. Subjects were set in advance, with recognized adjudicators, there were substantial prizes and the public were admitted. The rules mentioned that the winner of the best poem should wear a 'silver harp' before being placed in a chair.

At Corwen in May of 1789, Edward Jones gave a medal for the best singer and the local gentry paid for a medal referred to as a 'silver chair', but in the form of a 'military gorget' (49). The event was promoted by Thomas Jones, a local exciseman. It was held at the Owain Glyndŵr Hotel and attended by many of the gentry and clergy. The bards sat around a large table in the centre and composed on various subjects using the twenty-four measures listed in *Grammadeg Cymraeg*, written by the almanacker Siôn Rhydderch in 1728. After much debate, Gwallter Mechain (Revd Walter Davies) was victorious over Jonathan Hughes and Twm o'r Nant. He won the chair as well as the 'silver chair'.

He won both chair and medal again at Bala in September. The medal, which was commissioned from Augustin Dupré, official engraver to the French Republic, features a young gentleman seated on a throne-like chair raised on a plinth (50). The unsuccessful Twm o'r Nant staged an interlude in the town which lasted for a few days.

A silver medal presented by the Gwyneddigion in 1793 portrays a druidic stone seat (51), and at an event in Dolgellau the following year 'two beautiful chairs' were presented as prizes for the best ode and the best impromptu poems by the gentlemen of the town.

52 *Cadair Eisteddfod Caerfyrddin, 1819.*

Carmarthen Eisteddfod chair, 1819.

53 **Awen Gwent a Dyfed**, 1822.

Proceedings of the Carmarthen Eisteddfod, 1822.

TWO ESSAYS,

ON THE

SUBJECTS PROPOSED

BY THE

CAMBRIAN SOCIETY IN DYFED,

WHICH GAINED

THE RESPECTIVE PRIZES,

AT THE

Eisteddfod, held at Caermarthen,

IN JULY, 1819:

TO WHICH IS ADDED,

An Account of the Proceedings at the Eisteddfod.

" CALON WRTH GALON."

CAERMARTHEN:

PRINTED AND SOLD BY JONATHAN HARRIS,

Sold also by Baldwin, Cradock, & Joy, Paternoster Row, and
E. Williams, 11 Strand, London.

1822.

Caerfyrddin 1819 Carmarthen

O'R flwyddyn 1818 sefydlwyd pedair cymdeithas daleithiol gan fonedd a chlerigwyr gyda'r bwriad o gynnal eisteddfodau yn eu tro. O dan arweiniad cymdeithas arall o Lundain, y Cymmrodorion, cynhaliwyd deg o'r eisteddfodau hyn rhwng 1819 a 1834.

Y gyntaf o'r rhain oedd Eisteddfod Dyfed, a gynhaliwyd yng Ngwesty'r Llwyn Iorwg yng Nghaerfyrddin ym mis Gorffennaf 1819. Dyma'r tro cyntaf hefyd y cysylltwyd defod Orseddol ag eisteddfod. Dyfeisiwyd yr Orsedd gan Iolo Morganwg a gredai fod y Cymry yn etifeddion diwylliant Celtaidd hynafol. Cynhaliodd Iolo seremoni gyntaf Gorsedd Beirdd Ynys Prydain ar Fryn y Briallu, Llundain ym 1792. Twyllwyd y *Morning Chronicle* i ohebu bod y seremoni 'wedi ei thraddodi yn ddi-dor gan Olyniaeth o Feirdd hyd y presennol [cyf.]'. Roedd y defodau, y swynion a'r symbolau yn ffug ac yn baganaidd, gan ddilyn y gorffwylledd derwyddol a welwyd yn y cyfnod. Yng Nghaerfyrddin ym 1819 roedd y regalia yn syml; gwisgai'r aelodau rubanau gwyrdd, glas neu wyn ar eu breichiau i ddynodi'r tair urdd sef ofydd, bardd a derwydd. Ffurfiwyd cylch yr Orsedd o gerrig o boced Iolo. Yn ystod seremoni'r cadeirio cyflwynwyd defod newydd wrth i'r beirdd sefyll o boptu'r gadair yn gweinio ac yn dadweinio cleddyf uwch ben y bardd buddugol.

Rhoddwyd y comisiwn i wneud cadair yn arbennig at yr achlysur i David Morley, y saer celfi mwyaf blaenllaw ac adnabyddus yn y dref *(52)*. Adroddwyd yn y trafodion swyddogol am y flwyddyn honno: 'Y Gadair Farddonol, neu Gadair Teilyngdod, yr hon a saernïwyd erbyn yr achlysur, o dderw brodorol, mewn agwedd hen-ddulliog *(gothig)* pur, a osodwyd ar y bwrdd, i'r dyben i foddhau cywrein-garwch y Gymdeithas, yn ogystal ag i gynhyrfu awydd cyd-ymgystaliad y rhai a allent fod yn chwenychu i'w meddiannu.' *(53)*

FROM 1818 four societies were established on a provincial basis by members of the gentry and clergy, and it was envisaged that each would hold an eisteddfod in turn. Under the guidance of another London society, the Cymmrodorion, ten of these *eisteddfodau* took place between 1819 and 1834.

The first was the Dyfed Eisteddfod held in July 1819 in the Ivy Bush Hotel in Carmarthen. This was also the first time in which a Gorsedd ceremony had been associated with an eisteddfod. The Gorsedd was the invention of Iolo Morganwg, who claimed that the Welsh were the inheritors of an ancient Celtic culture. The first session of his Gorsedd of the Bards of the Isle of Britain was held on Primrose Hill in London in 1792. The *Morning Chronicle* was hoaxed into reporting that the ceremony 'has been regularly handed down by a Succession of Bards to the present day'. The rituals, incantations and symbols were spurious, and somewhat pagan, and tapped into the 'druidmania' of the period. At Carmarthen in 1819 the regalia was minimal, with members simply wearing armbands of green, blue and white to denote the three orders of ovate, bard and druid. The stone circle was made using pebbles from Iolo's pockets. During the chairing ceremony a new ritual was introduced, with poets standing around the chair, sheathing and unsheathing a sword above the victor's head.

A chair was commissioned, especially for the event, from David Morley, the most prominent and well-connected cabinet-maker in the town *(52)*. According to the official account of the proceedings, 'The Bardic chair, or chair of merit, constructed for the occasion of indigenous oak, and in the pure gothic style, was placed on a table, in order to gratify the curiosity of the company, as well as to excite the emulation of those who might feel desirous of occupying it.' *(53)*

parhad ...

continued ...

1789-1875

55 Medal Eisteddfod Caerfyrddin,
1819.

Carmarthen Eisteddfod medal,
1819.

56 **David Morley, Caerfyrddin**
gan Hugh Hughes, 1824.

David Morley, Carmarthen
by Hugh Hughes, 1824.

54 **A Collection of Designs for**
Household Furniture, *1808*

A Collection of Designs for
Household Furniture, *1808.*

Roedd cadair 1819 o gynllun ffasiynol, yn y diweddaraf o blith sawl adfywiad Gothig. Byddai Morley yn ymwybodol o'r ffasiynau trefol diweddaraf, ac fel eraill o'r un grefft, defnyddiai lyfrau patrwm yn sylfaen i'w gynnyrch. Mae'r gadair neilltuol hon yn deillio o lyfr dylanwadol George Smith, *A Collection of Designs for Household Furniture*, 1808 (cyhoeddiad a ddefnyddiwyd gan Morley ar achlysuron eraill hefyd) *(54)*. Aeth Morley ati i addasu ychydig ar y cynllun drwy gynnwys telyn, symbol cenedlaethol ar y pryd, o fewn y grib, ynghyd â'r arwyddair, 'Calon wrth Galon'.

Yr enillydd, unwaith eto, oedd Gwallter Mechain a wobrwywyd â medal arian gydag ysgythriad o'r union gadair arni *(55)*. Clymodd Iolo ruban glas ar ei fraich i ddangos ei aelodaeth yng Ngorsedd y Beirdd. Ysgythrwyd y fedal gan Hugh Hughes, artist a oedd newydd ddychwelyd i Gymru o Lundain. Roedd ganddo gysylltiadau gyda nifer o fewn y mudiad eisteddfodol, ac o ganlyniad derbyniodd Hughes gomisiynau yng Nghaerfyrddin, yn cynnwys portread o David Morley *(56)*.

Ysgrifennodd Esgob Tyddewi, un o brif aelodau cymdeithas Dyfed, at Gwallter Mechain, 'parthed cadair Caerfyrddin, o amgylch y delyn ar ran uchaf y gadair mae'r geiriau "Calon wrth Galon". Rwy'n falch fod y darlun o'r gadair yn dderbyniol gennych. Credaf fod medal Hu Gadarn a'r engrafiad o'r gadair yn rhagorach na chadair arian [cyf.].' Defnyddiwyd y gadair mewn eisteddfodau dilynol ac yn ôl un adroddiad papur newydd, cedwid hi yn Rheithordy Llangynnwr erbyn 1850 (cyf.): 'Yr adeg honno, yr oedd hen gadair farddol Dyfed, yr hon lle cadeiriwyd rhai o brifeirdd Cymru, yn cael ei chadw yn y Llyfrgell yn Llangynnwr. Cysgai Iolo Morganwg yn y gadair hon bob tro yr ymwelai â Chaerfyrddin. Byddai Canon Griffiths yn ystyried y gadair yn grair cysegredig; a'r fraint fwyaf a roddai i'w ymwelwyr oedd eu harwain at y gadair.'

The 1819 chair was of a fashionable style, in the latest of several Gothic revivals. Morley was aware of current metropolitan trends and, as was the practice of his trade, based his products on pattern books. This distinctive model is derived from George Smith's influential *A Collection of Designs for Household Furniture* of 1808 (a publication used by Morley on other occasions) *(54)*. He customized the chair with the incorporation of a harp, which was a national symbol at this date, and the motto '*Calon wrth Galon*' (Heart to Heart).

The winner was, once more, Gwallter Mechain, who received a silver medal featuring the chair *(55)*. Iolo tied a blue armband on him to show his membership of the Order of Bards. The medal was engraved by the artist Hugh Hughes, who had recently returned to Wales from London. Associated with many of those connected to the eisteddfod movement, Hughes was to find further commissions in Carmarthen, including a portrait of David Morley *(56)*.

The Bishop of St David's, one of the leading members of the Dyfed society, wrote an intriguing letter to Gwallter Mechain, 'respecting the Carmarthen chair, that round the harp at the top of the chair are the words "*Calon wrth Galon*". I am glad that the drawing of the chair was acceptable to you. I think the medal of Hu Gadarn [a legendary hero] and the engraving of the chair will be preferable to a silver chair.' The chair was used at further events and, according to a newspaper account, was in Llangunnor Vicarage by 1850: 'At that time the old bardic chair of Dyved in which some of the leading bards of Wales had been chaired was kept in the Library at Llangunnor. Iolo Morganwg, when he visited Carmarthen, always slept in that chair. Canon Griffiths used to look upon this chair as a sacred relic; and the greatest honour he could confer on his visitors was to lead them to the chair.'

57 *Cadair allor a wnaed gan David Morley, 1825.*

Altar chair made by David Morley, 1825.

58 **Gwallter Mechain**, gan
Hugh Hughes, 1825-26.

Gwallter Mechain, by
Hugh Hughes, 1825-26.

59 **Powysion**, 1821.

Powysion, 1821.

A ddanfonwyd i

EISTEDDFOD GWRECSÁM,

Medi 13, 1820.

"A laddo a leddir."

DINBYCH,
ARGRAFFEDIG AC AR WERTH GAN THOMAS GEE:
Ar werth hefyd gan Simpkin a Marshall, Llundain; Painter, Gwrecsam; Saunders,
Bala; Jones, Dolgellau; Carnes, Treffynnon; Jones, Caernarfon;
ac amryw eraill yn Nghymru.

1821.

Wrecsam  Wrexham

CYNHALIWYD y cynulliad taleithiol nesaf yn Wrecsam, o dan nawdd cymdeithas Powys. Adroddodd y *Gentleman's Magazine* (cyf.): 'Roedd holl fonheddwyr, cyfoethogion, a merched hardd yr ardal yn bresennol. Rhoddwyd gwobrau i'r cerddi gorau ar wahanol destunau. Enillwyd y Gadair Farddol gan Robert Davis o Nantglyn….Ymgasglodd Beirdd a Chlerwyr yn Neuadd y Dref yn y boreu, a chynhaliwyd y cyngherddau yn yr Ystafelloedd Ymgynnull gyda'r nos.'

Wedi'r digwyddiad, cafodd Hugh Hughes ei alw i blasty Wynnstay i dderbyn cyfarwyddyd gan Mr C W W Wynn ynglŷn ag addasu'r Gadair Farddol. Roedd Charles Watkin Williams Wynn yn ffigwr amlwg ymhlith y bonedd ac yn aelod o'r Cymmrodorion. Canlyniad hyn oll oedd ysgythriad pren o'r gadair a ymddangosodd ar wynebddalen *Powysion* y flwyddyn ganlynol. Cafodd y gadair hon ei hadnabod fel 'cadair Powys' *(59)*. Mae'n wahanol i gadair Dyfed am fod ganddi plu Tywysog Cymru yn hytrach na thelyn ar ei chrib. Er hyn, nid yw'n glir o'r cyfeiriad uchod a saernïwyd y fath gadair neu ai dim ond darlun ydoedd.

Ym 1821, cyflwynwyd cadair o'r un cynllun i Gwallter Mechain mewn cyfarfod yng nghartref neo-Gothig Ifor Ceri (Y Parch. John Jenkins). Yr oedd ef yn arweinydd cylch llenyddol o glerigwyr Anglicanaidd ac yn symbylwr y mudiad taleithiol. Cafodd ei dderbyn yn aelod o'r Orsedd yng Nghaerfyrddin. Pedair blynedd yn ddiweddarach, peintiodd Hugh Hughes bortread o Gwallter Mechain yn ei gadair yn gwisgo'r fedal yr enillodd yng Nghaerfyrddin *(58)*. Mae'r fframwaith yn dangos arysgrif sy'n cynnwys yr arwyddair 'Calon wrth Galon' yng nghoelbren y beirdd, sef gwyddor dderwyddol a ffugiwyd gan Iolo Morganwg ym 1791. Roedd y llythrennau ar ffurf llinellau syth, a fyddai'n hawdd eu cerfio ar bren.

THE next provincial gathering was under the auspices of the Powys society and held in 1820 at Wrexham. According to the *Gentleman's Magazine* it was 'attended by all the rank, wealth, and beauty of the neighbourhood. Premiums and prizes were given for the best poems on various subjects. The Bardic Chair was won by Robert Davis of Nantglyn…. The Bards and Minstrels assembled in the Town Hall in the mornings, and the concerts were held at the Assembly Rooms in the evenings.'

After the event, Hugh Hughes was summoned to Wynnstay mansion to be 'instructed by Mr C W W Wynn in relation to an alteration in the Bardic Chair'. Charles Watkin Williams Wynn was a leading gentry figure and a member of the Cymmrodorion. The result appeared as a wood engraving in the following year when it was used as the frontispiece for *Powysion*; and it became known as 'the Powys chair' *(59)*. It differs from the Dyfed chair in having the Prince of Wales's feathers on the crest rather than a harp. The above reference, however, makes it unclear whether this chair was actually made or whether it was just an illustration.

In 1821 a chair based on this design was presented to Gwallter Mechain at a meeting held in the neo-Gothic villa belonging to Ifor Ceri (Revd John Jenkins), the leader of a circle of Anglican literary clerics and an instigator of the provincial scheme, who had been admitted into the Gorsedd at Carmarthen. Four years later, Hugh Hughes painted Gwallter Mechain's portrait in this chair wearing the medal won at Carmarthen *(58)*. The framework had an inscription, which includes 'Calon wrth Galon', in *coelbren y beirdd* (bardic script), a false druidic alphabet invented by Iolo Morganwg around 1791. This consisted of straight lines, which could easily be cut into wood.

1789-1875

61 *Medal Eisteddfod Aberhonddu,*
1826.

Brecon Eisteddfod medal,
1826.

60 **Eben Fardd**, *gan Evan Williams,*
tua 1850.

Eben Fardd, *by Evan Williams,*
circa 1850.

Y Trallwng  *Welshpool*

CYNHALIWYD Eisteddfod nesaf Powys yn y Trallwng ym 1824, ac aeth y gadair y tro hwn i Eben Fardd (Ebenezer Thomas), ysgolfeistr dwy ar hugain oed. Cafodd ei gydnabod yn un o brif lenorion ei gyfnod a bu'n llwyddiannus mewn nifer o eisteddfodau, gan gynnwys Lerpwl ym 1840, Madog ym 1851 a Llangollen ym 1858. Mae'r portread ohono, sy'n dyddio o tua 1850, yn ei ddangos yn eistedd mewn cadair, sef cadair Powys o bosib. Hefyd, mae'r fedal o amgylch ei wddf o ddyluniad tebyg i fedal Caerfyrddin 1819 *(60)*. Dyfarnwyd medal oedd yn union yr un fath i Pedr Fardd (Peter Jones) yn Aberhonddu ym 1826 *(61)*.

Erbyn y cyfnod hwn roedd seremoni'r cadeirio yn rhan ganolog o'r digwyddiadau. Yn Abermaw ym 1849, cafodd y bardd buddugol, Nicander (Y Parch. Morris Williams), 'ei addurno gan yr Arglwyddes Vaughan gyda chofarwydd o'i fuddugoliaeth; yna ei arwain at y Gadair Farddol [cyf.]' lle cafodd ei gadeirio gan Y Parch. Mr James o Lerpwl, Jocyn Ddu a Clwydfardd (David Griffith); i sŵn y band yn chwarae '*See the Conquering Hero Comes*'.

THE next Powys Eisteddfod was held at Welshpool in 1824, and the chair was won by a twenty-two year old schoolmaster, Eben Fardd (Ebenezer Thomas). He was considered one of the leading poets during his lifetime and was successful at a number of *eisteddfodau* including Liverpool in 1840, Madoc in 1851 and Llangollen in 1858. His portrait of circa 1850 may show the Powys chair as well as the medal he was awarded, which had a similar design to that given at Carmarthen in 1819 *(60)*. An identical medal was awarded to Pedr Fardd (Peter Jones) at Brecon in 1826 *(61)*.

By this time, the chairing ceremony had become a central part of the proceedings. The successful poet at Barmouth in 1849, Nicander (Revd Morris Williams), 'was adorned by Lady Vaughan, with the memento of his conquest; after which he was conducted to the Bardic Chair' where he was installed by Revd Mr James of Liverpool, Jocyn Ddu and Clwydfardd (David Griffith); the band playing '*See the Conquering Hero Comes*'.

POWYS ESTEIDDFOD

62 *Eisteddfod Powys, 1824.*

Powys Eisteddfod, 1824.

63 *Catalog Arwerthiant Gwydir*,
    1921.

    Gwydir Sale Catalogue,
    1921.

Conwy

1861

Conwy

TREFNIANT byrhoedlog fu'r eisteddfodau taleithiol, er y cynhaliwyd ambell ddigwyddiad arall yn enw Powys. Ym 1858, trefnodd Ab Ithel (Y Parch. John Williams) (a oedd yn 'feddw gaib' ar dderwyddiaeth Iolo Morganwg) eisteddfod genedlaethol yn Llangollen o dan nawdd Cadair Powys. Am y tro cyntaf, fe gyfunodd seremonïau'r Orsedd yn rhan o'r trefniadau, er i hyn fod yn destun gwawd i rai wrth i'r Archdderwydd, Myfyr Morganwg (Evan Davies), wisgo 'wy derwyddol' am ei wddf, tra roedd Dr William Price yn gwisgo penwisg o groen cadno.

Yn Ninbych ym 1860, 'arweiniwyd y bardd buddugol i'r Gadair Farddol gan y Beirdd i sain yr utgorn' ac 'addurnwyd ef gan Arglwyddes Williams, Bodelwyddan'. Dyma'r un gadair a ddefnyddiwyd i gadeirio Twm o'r Nant ym 1790 a Ieuan Glan Geirionydd yn Ninbych (1828) a Rhuddlan (1850); y wobr unwaith eto oedd medal arian a swm o £21, ac nid cadair farddol.

Cynhaliwyd yr Eisteddfod Genedlaethol swyddogol gyntaf y flwyddyn ganlynol yn Aberdâr. Wythnos ynghynt, cafodd eisteddfod arall ei chynnal yng Nghonwy mewn cystadleuaeth ag Aberdâr. Yr enillydd yno oedd Gwilym Cowlyd a wobrwywyd â £10 10s gan y Llywydd a medal arian gan y pwyllgor. Arweiniwyd ef i'r gadair farddol, 'a gyflwynwyd i Feirdd Prydain gan y Frenhines Elisabeth, ac a fenthyciwyd am y rheswm uchod gan Arglwyddes Mostyn, a oedd yn berchen arni [cyf.]'. Gellir ond tybio mai cyfeirio at gadair eisteddfod Caerwys 1567 a wneir yma. Ni wyddys sut ffurf oedd ar y gadair hon ond mae'n bosib ei bod yn debyg i gadair o Ddyffryn Conwy sy'n dyddio o ddiwedd yr unfed ganrif ar bymtheg. Fe'i gwnaed ar gyfer Wynniaid Gwydir, teulu gyda chysylltiadau agos â'r Mostyniaid yr adeg honno. Gydag ychwanegiadau addurniadol, daeth y gadair hon yn grair hynafiaethol yn y bedwaredd ganrif ar bymtheg ac mae'n bosibl iddi ddylanwadu ar gynllun y gadair eisteddfodol (63).

THE provincial structure was short-lived, although further *eisteddfodau* were held in the name of Powys. In 1858, Ab Ithel (Revd John Williams) (who was 'stark drunk' on Iolo Morganwg's druidism) organized a national eisteddfod at Llangollen under the auspices of the Chair of Powys. He fully integrated the Gorsedd ceremonies into the proceedings for the first time, and the spectacle aroused derision in some quarters, with the self-proclaimed archdruids Myfyr Morganwg (Evan Davies) flaunting a 'Druidical egg' around his neck and Dr William Price wearing foxskin headgear.

At Denbigh in 1860 the winner was 'led to the Bardic Chair by the Bards with the sound of the trumpet', where he was 'adorned by Lady Williams, Bodelwyddan'. This chair was the same one used by Twm o'r Nant in 1790 and Ieuan Glan Geirionydd in Denbigh (1828) and Rhuddlan (1850); the prize was still a medal, plus £21 cash.

The first official National Eisteddfod was held the following year at Aberdare, but a rival event took place the week before at Conwy, where the winner, Gwilym Cowlyd (William J Roberts) received £10 10s from the President and a large silver medal from the committee. He was ceremoniously conducted to the chair, which was 'one which had been presented by Queen Elizabeth to the Bards of Britain and had been lent for the above purpose by Lady Mostyn whose property it now is'. This fascinating reference is presumably to the chair used at Caerwys in 1567. Its form is unknown, but it was possibly similar to an impressive chair made in the Conwy Valley in the late-16th century for the Wynns of Gwydir, who were closely connected to the Mostyns at this date. With the addition of further elaborate embellishments, this particular chair of office was a well-known antiquarian relic in the late-19th century, and may, therefore, itself have influenced eisteddfod chair design (63).

64 *Cadair Eisteddfod Bethesda,*
1865.

Bethesda Eisteddfod chair,
1865.

Bethesda  *1865* Bethesda

Yn ystod y 1860au, cyfnod a welodd gryn dwf hefyd mewn eisteddfodau lleol, bu'r Cymmrodorion yn cefnogi Cymdeithas yr Eisteddfod Genedlaethol. O'r cyfnod hwn hefyd y gwelwyd yr arfer o roi cadeiriau yn wobrau i'r beirdd i'w cadw. Ceir cadarnhad pellach o hyn gan y nifer o gadeiriau a draddodwyd trwy linach y buddugwyr.

Roedd y gadair a enillodd Ioan Arfon (John Owen Griffith) ym Methesda ym 1865 yn dilyn dyluniad cadeiriau cyntedd, cefn-tarian ffasiynol y cyfnod, er bod iddi olwg letchwith oherwydd y breichiau a ychwanegwyd ati *(64)*. Gwnaethpwyd hi o dderw, fel yn achos bron pob cadair eisteddfodol, gydag ymylwaith cerfiedig yn cynnwys symbol syml plu Tywysog Cymru ar ei chrib. Fel arfer, mae'r symbol yn cynnwys tair pluen estrys yn codi o goron gyda'r arwyddair Almaeneg, *'Ich Dien'* (Rwy'n Gwasanaethu). Mabwysiadwyd hwn gan y Cymmrodorion ym 1751 a daeth yn symbol cenedlaethol i Gymru o ddechrau'r bedwaredd ganrif ar bymtheg. Sylwir ar y plac pres ar gefn y gadair sy'n cofnodi'r digwyddiad – nodwedd a ddaeth yn gyffredin ar gadeiriau barddol.

Ymhlith gwaith Ioan Arfon oedd marwnad i Glasynys (Y Parch. Owen Wynne Jones), a fu'n cydweithio ag Ab Ithel i drefnu eisteddfodau. Enillodd Glasynys gadair yn sir Ddinbych yn y 1860au a oedd yn dipyn mwy ac yn hynafol ei golwg *(65)*. Mae cerfiadau drosti yn cynnwys y Tair Pluen a dail y dderwen, o goeden gysegredig y derwyddon. Daeth y nodweddion hyn oll yn rhan annatod o gadeiriau barddol y blynyddoedd wedi hynny.

THE new National Eisteddfod Society was promoted by the Cymmrodorion in the 1860s, a period which also saw the proliferation of regular local *eisteddfodau*. It was from this date that the chairs were first intended to be kept by the winner, as confirmed by their descent in the families of the recipients.

The chair won by Ioan Arfon (John Owen Griffith) at Bethesda in 1865 was based on a fashionable shield-back hall chair, with the rather awkward addition of arms *(64)*. Like virtually all eisteddfod chairs, it was in oak, with the carved edging incorporating a simplified Prince of Wales's feathers at the top. This emblem consists of three white ostrich feathers, normally rising from a crown, with the German motto *'Ich Dien'* (I Serve). It had been adopted by the Cymmrodorion in 1751 and was widely used as a national symbol for Wales from the early-19th century. The brass plaque on the back of this chair commemorated the event and this was to become a common addition to bardic chairs.

Among Ioan Arfon's works was an elegy to Glasynys (Revd Owen Wynne Jones), who had co-operated with Ab Ithel in organizing *eisteddfodau*. Glasynys won a chair at an eisteddfod in Denbighshire in the 1860s which was of more archaic style and proportion *(65)*. It is heavily carved and, besides the prominent Three Feathers, features oakleaves, from the sacred tree of the druids. This design has many of the elements which were to become essential to bardic chairs in the following years.

*65 Cadair eisteddfodol,
o sir Ddinbych, tua 1865.*

*Eisteddfod chair,
Denbighshire, circa 1865.*

Cadair Morganwg
yn
Eisteddfod y Cymry
yn
Castellnedd,
Medi, 1866.
Gwobr ugain Punt.

I'r
Parch R.Williams,
(Hwfa Môn)
Am ei Awdl fuddugol
ar
Alar Cymry
ar ôl
D. Williams, Ysw.
(Alaw Goch)

66 Cadair Eisteddfod Castell-nedd,
1866.

Neath Eisteddfod chair,
1866.

DATBLYGODD seremonïau'r Orsedd dros y blynyddoedd, ond ni chawsant gefnogaeth gan bawb. Er ei gred yn nerwyddiaeth, cwestiynai'r Parch. Edward 'Celtic' Davies honiadau Iolo Morganwg a hygrededd ei wyddor farddol. I Cynddelw (Y Parch. Robert Ellis), roedd y derwyddon fel 'pac o wallgofiaid' ac ofnai eraill nad oedd y defodau 'hynafol' yn gweddu i 'Oes Cynnydd' Oes Fictoria. Cafodd gohebydd *The Times* fodd i fyw ym 1867 wrth wawdio, '*this remarkable piece of pantomime ... the puerile fopperies of making Druids in broadcloth and Ovates in crinoline*'.

Ym 1866, cynhaliwyd yr Eisteddfod Genedlaethol yng Nghaer, lle enillodd Ap Vychan (Y Parch. Robert Thomas) y gadair. Cynhaliwyd eisteddfod arall hefyd yng Nghastell-nedd yr un flwyddyn, sef 'Eisteddfod y Cymry'. Er na fu'n llwyddiant, bwriad y trefnwyr oedd gwneud safiad yn erbyn y Seisnigo o fewn y Genedlaethol. Yr oedd cadair Castell-nedd o ddyluniad cadeiriau parlwr y cyfnod ac wedi'i chlustogi. Gwnaethpwyd hi o dderw yn hytrach na'r pren egsotig arferol ar gyfer y math yma o gadair, a cherfiwyd mes arni, felly mae'n bur debygol iddi gael ei gwneud yn lleol at yr achlysur *(66)*. Enillydd y gadair oedd Hwfa Môn (Y Parch. Rowland Williams) a oedd yn aelod o'r Orsedd er 1849. Enillodd sawl cadair a choron eisteddfodol yn ogystal â beirniadu cystadlaethau, er na roddwyd fawr o glod i'w farddoniaeth na'i bregethau gan sylwebyddion diweddarach. Etholwyd ef yn Archdderwydd ym 1895, a bu'n deyrngar i hynafiaeth cyfundrefn y beirdd.

Hyd y cyfnod hwn, yr oedd bonedd-offeiriaid Anglicanaidd (Yr Hen Bersoniaid Llengar) wedi bod yn rhan amlwg o'r mudiad eisteddfodol. Ond dyma ddechrau cyfnod a welodd genhedlaeth o bregethwyr anghydffurfiol yn ennill lle blaenllaw yn y cystadlaethau llenyddol. Roedd Cynddelw, Ap Vychan a Hwfa Môn oll yn weinidogion anghydffurfiol, y cyntaf yn gyn-was fferm, yr ail yn of a'r trydydd yn saer coed.

THE Gorsedd ceremonies evolved during this period but were not supported by everyone. Revd Edward 'Celtic' Davies, although a believer in druidism, had earlier questioned Iolo Morganwg's claims and the plausibility of the bardic alphabet. Cynddelw (Revd Robert Ellis) considered the druids 'a pack of madmen', whilst others feared the 'ancient' rites were at odds with both nonconformism and the 'Age of Progress'. In 1867 a correspondent in *The Times* mocked 'this remarkable piece of pantomime … the puerile fopperies of making Druids in broadcloth and Ovates in crinoline'.

In 1866 the National Eisteddfod was held at Chester, where the chair was won by Ap Vychan (Revd Robert Thomas). A rival event was held at Neath, '*Eisteddfod y Cymry*', in protest at what was seen as the Anglicization of the National, although it was not a great success. The Neath chair was in the contemporary upholstered parlour style, and was probably made in the locality for the event since it was made in oak rather than the exotic timber more usual for this type, and featured acorns *(66)*. It was won by Hwfa Môn (Revd Rowland Williams), who had been admitted into the Gorsedd in 1849. He won a vast array of prizes at other events and became one of the principal adjudicators, although neither his preaching nor his poetry were highly rated by later commentators. Elected Archdruid in 1895, he remained a fervent believer in the antiquity of the bardic order.

Until this period, Anglican squire-clerics (*Yr Hen Bersoniaid Llengar*: The Old Literary Clerics) had been prominent in the eisteddfod movement, but this was the start of an era which saw generations of nonconformist preachers dominate the poetic contests. Cynddelw, Ap Vychan and Hwfa Môn were all nonconformist ministers, the first having started his working life as a farm labourer, the second as a blacksmith and the third as a carpenter.

67 *Cadair Eisteddfod yr Ystrad,
1870.*

*Ystrad Eisteddfod chair,
1870.*

ROEDD nifer o'r cadeiriau a ddyfarnwyd yn y cyfnod o fath gwerinol, er eu bod yn arddangos elfennau rhagorach. Mae gwaith lip yn ddull syml ond crefftus sy'n defnyddio rhaffau o wellt wedi eu clymu ynghyd â mieri neu risgl celyn, i greu cadeiriau cyfforddus a chywrain. Dyfarnwyd y fath gadair i Tydfylyn (Y Parch. Daniel Thomas Williams) o Ferthyr yn Ystrad ym 1870. Efallai y tybid bod y cynllun hynafol a'r crefftwaith cywrain yn arbennig o addas at yr achlysur *(67)*.

Yr oedd crefftwaith lip yn bodoli ym Mhrydain ers cyn oes y Rhufeiniaid ac yn parhau yng Nghymru yn yr ardaloedd gwledig a threfol, fel Merthyr, ar ddiwedd y bedwaredd ganrif ar bymtheg. Gellir tybio bod y math yma o gadair wedi cael ei defnyddio gan feirdd yn yr oesoedd canol a'r cyfnod Tuduraidd, a dyma o bosib sy'n esbonio pam y rhoddwyd yr enw 'cadair telynor' arni.

MANY of the chairs awarded in this period were vernacular types, although often superior in some way. Lipwork is a simple, though skillful, technique which uses straw bound with bramble or holly bark and which is capable of producing elaborate and comfortable chairs. Tydfylyn (Revd Daniel Thomas Williams) of Merthyr Tydfil won such a chair at Ystrad in 1870, the ancient design and intricate workmanship perhaps being thought particularly appropriate *(67)*.

The craft of lipwork had existed in the British Isles in pre-Roman times and was still being practised in Wales in the late-19th century, in both rural and urban districts, including Merthyr. It seems likely that this was one of the chair types used for bards in the medieval and Tudor periods, which might explain the term *cadair telynor* (harpist's chair) by which they are sometimes known.

68 *Cadair o waith lip a wnaed gan Harry Clun Bren o Sir Benfro, dechrau'r 19eg ganrif.*

Lipwork chair made by Harry Clun Bren of Pembrokeshire, early-19th century.

69 Cadair Eisteddfod yr Wyddgrug,
    1873.

    Mold Eisteddfod chair,
    1873.

70 Cadair Eisteddfod Aberaeron,
    1873.

    Aberaeron Eisteddfod chair,
    1873.

Yr Wyddgrug 1873 Mold

YN yr Wyddgrug ym 1873, Hwfa Môn gipiodd y gadair unwaith eto. Mae'n enghraifft gynnar o'r math o gadair a ddaeth yn boblogaidd wedi hynny. Arni mae draig herodrol, telyn, uchelwydd, dail y dderwen a mes *(69)*. Mae'r llythrennu cerfiedig yn cynnwys enw'r enillydd a'r lleoliad ynghyd â'r ymadroddion traddodiadol: 'Goreu Arv: Arv Dysg'; 'Yn Nawdd Duw a'i Hedd'; 'Iaith Enaid ar ei Thannau'; ag arwyddair yr Orsedd 'Y Gwir yn Erbyn y Byd'. Bu'r ddraig goch yn cynrychioli'r brenhinoedd canoloesol, ac fe'i gwelid ar sêl Owain Glyndŵr. Daeth yn thema boblogaidd ar waith cerfiedig yn ystod yr unfed ganrif ar bymtheg ac fe'i defnyddiwyd fel cynhaliad i arfbais llinach y Tuduriaid, gan ail-ymddangos fel bathodyn brenhinol Cymru ym 1807. Fe'i gwelwyd yn aml ar regalia cymdeithasau Cymreig ac yn ystod y bedwaredd ganrif ar bymtheg bu'n cystadlu â'r Tair Pluen fel y prif symbol cenedlaethol. Ymddangosodd yn gyson, fel ar y gadair hon, gyda'r arwyddair 'Y Ddraig Goch Ddyry Gychwyn'.

Ar grib cadair yr Wyddgrug mae'r Nod Cyfrin neu'r 'pelydr goleuni', symbol yr Orsedd a ddyfeisiwyd gan Iolo Morganwg i gynrychioli gwirionedd, cyfiawnder a chariad, er na wnaeth Iolo lawer o ddefnydd arno ei hun. Fe'i gwelwyd am y tro cyntaf ar Sgrôl y Cyhoeddi yng Nghaerdydd, 1833. Erbyn 1850, roedd ar y baneri a welid mewn Gorseddau ac o tua 1860 ymlaen, ar dystysgrifau urddo aelodau newydd. Yr oedd y Nod Cyfrin hefyd yn gynrychiolaeth o Dduw ac fe'i gelwid gan yr uchel eglwyswr, Ab Ithel, yn 'Symbol Cysegredig'.

Cyflwynwyd cadair debyg ei golwg a'i maint, ond wedi ei haddurno â'r Tair Pluen yn unig, mewn eisteddfod yn Aberaeron yn yr un flwyddyn *(70)*.

AT Mold in 1873 the chair was again won by Hwfa Môn. It is an early example of what was to become a popular style and includes a heraldic dragon, harp, mistletoe and oakleaves with acorns *(69)*. Carved inscriptions give the name of the winner and location and include the traditional sayings '*Goreu Arv: Arv Dysg*' (The Best Weapon: the Weapon of Learning); '*Yn Nawdd Duw a'i Hedd*' (In God's Protection and Peace); and '*Iaith Enaid ar ei Thannau*' (The Language of the Soul on its Harp-strings); as well as the Gorsedd motto '*Y Gwir yn Erbyn y Byd*'. The red dragon had been used to represent the medieval Welsh kings, and appears on the seal of Owain Glyndŵr. It became a popular theme in carving into the 16th century and was used as a supporter in the arms of the Tudor dynasty, re-appearing as the royal badge for Wales in 1807. Frequently seen in the regalia of Welsh societies, in the late-19th century it competed with the Three Feathers as the main national emblem. It was frequently accompanied, as here, by '*Y Ddraig Goch Ddyry Gychwyn*' (The Red Dragon Leads the Way).

The Mold chair's crest rail features the *Nod Cyfrin* (Mystic Mark or the Mark of the Ray of Light), a symbol devised by Iolo Morganwg to represent the virtues of truth, justice and love, although he did not make much use of it himself. It was first seen on the proclamation scroll in Cardiff in 1833. By 1850 it could be found on Gorsedd banners and from around 1860 on members' certificates. *Y Nod Cyfrin* or the Mystic Mark was also a representation of God, and Ab Ithel, a High-churchman, called it 'The Sacred Symbol'.

A somewhat similar and equally substantial chair, but decorated only with the Three Feathers, was presented at an eisteddfod in Aberaeron in the same year *(70)*.

$\mathcal{P}$ENNOD TRI

1876-1900

CHAPTER THREE

1876-1900

72 *Almanac a gyflwynwyd yn ystod
Eisteddfod Wrecsam, 1876.*

Presentation Almanack for the
Wrexham Eisteddfod, 1876.

71 *Ffotograff stiwdio o gadair
Eisteddfod Wrecsam, 1876.*

Studio photograph of the
Wrexham Eisteddfod chair, 1876.

Wrecsam 1876 Wrexham

BUDDUGWR 'Eisteddfod y Gadair Ddu' yn Wrecsam,1876, oedd Taliesin o Eifion (Thomas Jones). Yr oedd yn saer celfi a pheintiwr arwyddion lleol a saernïodd 'beithynen' (ffrâm bren wedi ei cherfio â choelbren y beirdd) ar gyfer cystadleuaeth yn Eisteddfod Fawr Llangollen, 1858. Bu farw'r diwrnod wedi iddo gyflwyno ei gerdd fuddugol ac yn ystod seremoni'r cadeirio, gorchuddiwyd y gadair â mantell ddu.

Yr oedd yn gadair sylweddol, sgwâr a ddaeth yn ffurf boblogaidd gyda phanel arfbeisiol yn dangos llew rhwng pileri â dail y dderwen *(71)*. Dangosai emblem arall hefyd: tarian gyda'r pedwar llew sef arfbais y tywysogion canoloesol. Defnyddiwyd hon ar grib y gadair gyda'r cynheiliaid Tuduraidd, y ddraig a'r llew ynghyd â'r geiriau 'Tywysogaeth Cymru' oddi tani mewn ysgrifen farddol. Pan ddaeth yr Eisteddfod i Wrecsam nesaf ym 1912, roedd llun o'r gadair yn y rhaglen. Er hynny, cadair arall a wnaed ar gyfer y digwyddiad hwnnw.

Ym Mangor ym 1874 dyfarnwyd cadair finiatur i Gurnos (Y Parch. Evan Jones). Cadarnhawyd hyn mewn adroddiad yn y *Western Mail* flynyddoedd yn ddiweddarach, yn ystod Eisteddfod Genedlaethol Caerdydd, 1899 (cyf.):

> Nodwyd bod cadair finiatur o aur cywrain yn crogi o gôt Gurnos ddoe. Yr oedd o aur pur ac mae'n debyg mai hon oedd y gadair a enillodd 'Gurnos' yn Eisteddfod Genedlaethol 1874 …. Dyma'r unig gadair aur i gael ei dyfarnu yn yr Eisteddfod Genedlaethol erioed, felly gellir dweud mai 'Gurnos' yw'r unig Brifardd sy'n medru cludo ei gadair gydag ef.

Enillodd sawl cadair arall gan gynnwys cadair Eisteddfod Genedlaethol y Rhyl, 1892, ac un yn Racine, Wisconsin, UDA.

THE 'Eisteddfod of the Black (or Vacant) Chair' in Wrexham in 1876 was won by Taliesin o Eifion (Thomas Jones). A local cabinet-maker and sign-painter, he had made a *peithynen* (wooden 'book' consisting of squared sticks in a frame depicting bardic script) for a competition at the Llangollen Eisteddfod of 1858. He died the day after submitting his entry and the chair was ceremoniously covered in a black cloth on the stage.

The chair was of the square and substantial style which was to become popular, with a central armorial lion panel between pillars with oakleaves *(71)*. Another emblem made an appearance: a shield with the four lions attributed to the medieval Welsh princes. It was used on the chair crest with the Tudor supporters of a dragon and a lion, with '*Tywysogaeth Cymru*' (Principality of Wales) written below in bardic script. This chair was featured in the programme when the National was held again at Wrexham in 1912, although a different chair was made for that event.

At Bangor in 1874 a miniature chair had been awarded to Gurnos (Revd Evan Jones). This was confirmed years later in a *Western Mail* report of the Cardiff National Eisteddfod of 1899:

> It was noticed that an exquisite miniature gold chair hung from 'Gurnos's' coat yesterday. It was of solid gold and turned out to be the chair won by 'Gurnos' at the National Eisteddfod of 1874 …. It is the only gold chair that has been given at a National Eisteddfod and 'Gurnos' is, therefore, the only chaired bard who is able to carry his chair about with him.

He won a number of chairs including the National at Rhyl in 1892 and another at Racine, Wisconsin, USA.

73 *Cadair Eisteddfod Genedlaethol
Penbedw, 1878.*

*National Eisteddfod chair,
Birkenhead, 1878.*

Cadair Eisteddfod
Genedlaethol Birkenhead
1878
YR HON A ENILLODD Y
Parch. R. Williams (HWFA MON)
LLUNDAIN
AM EI AWDL FUDDUGOL AR
Rhyfnniaeth
GYDA GWOBR O 26
GINI

Penbedw  *Birkenhead*

BU Penbedw, fel sawl man arall ar lannau Merswy, yn lleoliad i nifer o eisteddfodau lleol a chenedlaethol. Ym 1878, Hwfa Môn oedd yn fuddugol eto gan ennill cadair a enwyd yn 'Gadair Arthur' *(73)*. Credir mai dylanwad Urdd y Ford Gron oedd y tu ôl i'r enw. Roedd y gymdeithas fechan hon yn adlewyrchu diddordeb Rhamantus y cyfnod yn y Brenin Arthur, a cheisiodd roi trefn ar yr Eisteddfod ar gyfnod digon cythryblus yn ei hanes.

Mae'n gadair sy'n hynod o debyg i orsedd, ar ffurf Gothig Eglwysig a gafodd ei ffafrio ar gyfer cadeiriau seremonïol o bob math ar draws Ynysoedd Prydain. Yn ogystal â'r Tair Pluen, y delyn, y ddraig, dail y dderwen a'r Nod Cyfrin mae'r 'llygad holl-weledol', a gynrychiolai'r seremonïau Gorseddol a gynhaliwyd yn yr awyr agored 'yn wyneb haul a llygad goleuni' ac a ddefnyddiwyd hefyd gan y Seiri Rhyddion. Ger arwyddair yr Orsedd mae'r ymadrodd 'O Iesu Na'd Gamwaith' a welwyd yn aml ar gadeiriau wedi hyn.

Gadawyd gwagle ar gefn y gadair i osod plac arian i gofnodi'r digwyddiad a'r enillydd a daeth hon hefyd yn nodwedd gyffredin ar gadeiriau barddol.

AS with many other places on Merseyside, Birkenhead was the location of numerous local *eisteddfodau* and the National was held there on several occasions. The chair in 1878 was once more won by Hwfa Môn and was named 'Arthur's Chair' due to the involvement of *Urdd y Ford Gron* (Guild of the Round Table) *(73)*. This small society, which reflected the contemporary Romantic interest in King Arthur, sought to organize the Eisteddfod during what was a turbulent period in its history.

This chair is extremely throne-like and in the Church Gothic style which was favoured for ceremonial seating in a number of contexts throughout the British Isles. Besides the Three Feathers, harp, dragon and oakleaves it featured, alongside the Mystic Mark, the 'all-seeing eye', which was used in Freemasonry and also represented the Gorsedd ceremonies held in the open air, 'in the face of the sun and the eye of the light'. In addition to the Gorsedd motto was the phrase '*O Iesu Na'd Gamwaith*' (O Christ, Let There be No Injustice), which was often to be found on subsequent chairs. A space had been left for the addition of a silver plaque to record the event and victor, and this too would become a common feature on bardic chairs.

74 *Cadair allor a wnaed gan John Davies o Gaerfyrddin, 1850.*

Altar chair made by John Davies of Carmarthen, 1850.

75 *Cadair Eisteddfod Cwmorthin,
1880.*

*Cwmorthin Eisteddfod chair,
1880.*

Cwmorthin  1880 Cwmorthin

TREFNWYD eisteddfodau o gylch y gweithle yn yr ardaloedd diwydiannol. Un o'r rhain oedd eisteddfod boblogaidd Chwarelwyr Cwmorthin, Rhosydd, Wrysgan a Chonglog a gynhaliwyd ym Mlaenau Ffestiniog.

Deilliodd y traddodiad canu corawl o'r gwasanaethau angerddol a gynhaliwyd yng nghapeli'r cyfnod, a daeth yn rhan annatod o ddiwylliant y cymunedau hyn ac yn ganolbwynt i eisteddfodau lleol. Cynhaliwyd y gystadleuaeth gorawl gyntaf yn y Genedlaethol yn Abertawe ym 1863, pan drechwyd Côr Unedig Cwm Tawe gan Gôr Unedig Aberdâr mewn gornest epig. Yr oedd tipyn o gythraul canu rhwng y corau ac yng Nghastell-nedd, ym 1873, arweiniodd hyn at helynt rhwng dau gôr o Gwm Tawe a gafodd eu diarddel – un yn Bresbyteriaid a'r llall yn Annibynwyr.

Roedd y gwobrau i'r corau yn amrywio o fedalau i darianau, cwpanau, batonau a hyd yn oed goronau. Rhoddwyd cadeiriau yn wobrau hefyd mewn eisteddfodau lleol, er nad yw hyn mor wybyddus erbyn heddiw. Cyflwynwyd cadair o'r fath i Cadwaladr Roberts, arweinydd Côr y Moelwyn yn eisteddfod Cwmorthin 1880 *(75)*. Yn wahanol i lawer o gadeiriau barddol o'r cyfnod, mae'n ymddangos yn gadair gyfforddus gyda chlustogwaith o ledr. Yr oedd yn dilyn arddull ffasiynol '*antique*' a oedd yn ysgafnach ei golwg na dodrefn arferol o ganol cyfnod Fictoria. Er bod yr enghraifft hon wedi ei gwneud yn arbennig at yr achlysur, roedd yn ymdebygu i'r dodrefn parlwr a gynhyrchwyd yn ffatrïoedd y cyfnod ac a gludwyd ar y rheilffyrdd i drefi a phentrefi trwy Gymru.

EISTEDDFODAU were organized around workplaces in the industrial districts, a popular event being the Cwmorthin, Rhosydd, Wrysgan and Conglog Quarryman's Eisteddfod held in Blaenau Ffestiniog.

Choral singing arose from the impassioned services in chapels, and had become an important part of the culture of such communities forming a central part of local *eisteddfodau*. The first choral competition at the National took place at Swansea in 1863, when Aberdare United Choir defeated Swansea Valley United Choir in an epic contest. Rivalry could be intense, and at Neath in 1873 it led to trouble between two choirs from the Swansea Valley, one Presbyterian and the other Independent, with both being expelled.

The prizes for choirs included medals, shields, cups, batons and even crowns. Although it is not well known today, the prize at local events was often a chair and one was presented to Cadwaladr Roberts, conductor of Moelwyn Choir, at Cwmorthin in 1880 *(75)*. With leather upholstery, unlike most eisteddfod chairs of the period, it is quite comfortable. It was in the fashionable 'antique' style, which was lighter in appearance than conventional mid-Victorian upholstered furniture. Although this example was bespoke, it was of the type used in the factory-produced parlour suites which the railways were bringing into towns and villages throughout Wales.

76 *Cadwaladr Roberts gyda'r cadeiriau a'r tlysau a enillodd Côr y Moelwyn.*

Cadwaladr Roberts with the chairs and trophies won by Moelwyn Choir.

77 *Cadair Eisteddfod Genedlaethol
Merthyr Tudful, 1881.*

*National Eisteddfod chair,
Merthyr Tydfil, 1881.*

O 1880 ymlaen, trefnwyd y brifwyl gan Gymdeithas yr Eisteddfod Genedlaethol ac fe'i gwelwyd ar ei ffurf fodern, flynyddol.

Ym Merthyr ym 1881 yr oedd y gadair yn ddehongliad blaengar o'r arddull 'Artistig' (77). Mae iddi gefn tal a therfyniadau ar ffurf mes gyda'r Nod Cyfrin yn amlwg ar y grib fel y gellid ei weld uwchben y bardd ac ategir y symbol eto yn y tair gwerthyd durniedig islaw. Pwysleisir yr elfen orseddol i'r gadair gan y pennau geifr ar flaen pob braich, ac i'r gwaelod, dilynwyd dyluniad cadeiriau'r ail ganrif ar bymtheg a oedd yn boblogaidd yn y cyfnod.

Nathan Dyfed (Jonathan Owain Reynolds), a oedd yn gylchwr yn y dref ar y pryd, oedd saer y gadair. Roedd yn grefftwr geiriau hefyd ac enillodd dros gant o wobrwyon mewn gwahanol eisteddfodau. Efallai mai dyma'r rheswm iddo ddefnyddio'r ysgrifen farddol ar y gadair ar gyfer arwyddair yr Orsedd ac wrth gofnodi ei enw ei hun ar y cefn. Y bardd buddugol, o'r un enw, oedd Dyfed (Y Parch. Evan Rees), a fu'n llwyddiannus ar sawl achlysur arall.

Enillodd Dyfed £21 yn wobr gyda chadair 1881, er i'r côr buddugol ennill £100 (a medal aur). Beirniad y corau oedd y cyfansoddwr o Ferthyr, Joseph Parry a wnaed yn Athro Cerdd yng ngholeg Aberystwyth. Roedd ei gyfansoddiadau ymhlith y rhai mwyaf poblogaidd gan gorau meibion. Y côr buddugol oedd Côr Ffilharmonig y Rhondda, un o bum côr a ymgeisiodd gyda chyfanswm o bron 1500 o gantorion. Daeth y corau o feysydd glo Cymru yn adnabyddus yn Llundain a thramor. Ym 1872 a 1873 bu'r Côr Mawr, a oedd yn cynnwys 400 o aelodau o blith sawl côr, yn fuddugol mewn gŵyl yn y Palas Grisial o dan arweinyddiaeth cyn-of o'r enw Caradog (Griffith Rhys Jones). Cafodd ef ei groesawu gan filoedd pan ddychwelodd i'r Rhondda ar y trên a hebryngwyd ef adref i Dreorci mewn cadair farddol.

FROM 1880 the festival was organized by the National Eisteddfod Association and took its modern annual form.

The chair at Merthyr in 1881 was an innovative interpretation of the 'Artistic' style (77). The tall back has acorn finials and features a prominent Mystic Mark in the crest rail, to be seen above the bard's head, which is repeated in three inverted turned spindles below. The throne-like proportions are enhanced by goats' heads on the front of the arms, whilst the 17th-century-style base was one of the preferred antique forms of this era.

The maker was the local cooper Nathan Dyfed (Jonathan Owain Reynolds), an accomplished poet who had himself won over one hundred prizes in various eisteddfodau. This presumably accounts for his use of bardic script for the Gorsedd mottoes and his own name. The winning poet, coincidentally named Dyfed (Revd Evan Rees), was successful at many other events.

The 1881 chair went with £21 cash, but £100 (plus a gold medal) was awarded in the chief choral competition. The adjudicator for this was Joseph Parry, a native of Merthyr who became Professor of Music at Aberystwyth and whose compositions were among those most favoured by male voice choirs. The winner was the Rhondda Philharmonic Choir, one of five south Wales entrants, comprising a total of nearly 1500 choristers. The fame of choirs from the coalfield had already spread to London and overseas. In 1872 and 1873 'Y Côr Mawr', comprising 400 members of several choirs and conducted by the former blacksmith Caradog (Griffith Rhys Jones), was victorious at the Crystal Palace Festival. On returning to the Rhondda, thousands welcomed Caradog at the station and he was escorted home to Treorchy seated in a bardic chair.

78 Cadair Eisteddfod y Plant,
    Manceinion, 1883.

    Manchester Children's
    Eisteddfod chair, 1883.

79 Cadair Eisteddfod Ynys Môn,
    Gaerwen, 1883.

    Anglesey Eisteddfod chair,
    Gaerwen, 1883.

UN digwyddiad hynod ddiddorol yn y cyfnod hwn oedd Eisteddfod y Plant. Fe'i cynhaliwyd yn y Neuadd Goffa enfawr 'Fictoraidd, Fenisaidd, Gothig' yng nghanol Manceinion un nos Sadwrn ym mis Mawrth 1883. Yr oedd yn lleoliad mawreddog ar gyfer digwyddiad a unodd holl gapeli Cymraeg yr ardal.

Tarddle'r syniad oedd Capel Cymraeg y Methodistiaid Calfinaidd yn Cheetham, ar gyrion y ddinas. Roedd gweinidog y capel, Y Parch. Thomas Gray, yn hanu o Fangor; symudodd i Fanceinion o sir y Fflint gyda'i deulu o bump o blant. Rhestrai rhaglen yr eisteddfod bedair ar hugain o gystadlaethau yn cynnwys canu ac adrodd (yn Gymraeg ac yn Saesneg) yn ogystal â chanu'r delyn a'r piano. Cafwyd cystadlaethau gwaith cartref hefyd yn cynnwys gwaith llaw, arlunio, cyfieithu a thraethodau. Roedd yn rhaid i'r plant ddysgu barddoniaeth osodedig, gyda'r rhai dros saith oed i adrodd ar eu cof '*The Cataract of Lodore*' gan Robert Southey, 1820.

Yr oedd Thomas Gray yn un o chwe gweinidog ymhlith yr ugain beirniad, a'i fab un ar bymtheg oed, David, oedd cadeirydd yr eisteddfod. Ei ferch bedair ar ddeg oed, Dora, oedd enillydd y gadair, a oedd yn dipyn llai na chadair oedolyn, yn mesur tri deg pedair modfedd (86. 5cm) *(78)*. Gwnaed hon o dderw o safon mewn arddull Gothig syml. Roedd y panel cefn wedi ei addurno â dwy darian yn cynnwys y Tair Pluen uwchben cenhinen rwyllwaith. Arni hefyd mae plac metel sy'n cynnwys y Nod Cyfrin ac yn cofnodi'r achlysur.

Yn yr un flwyddyn, yn Eisteddfod Ynys Môn yn y Gaerwen cyflwynwyd cadair o lawn faint, o ansawdd ac arddull Gothig tebyg ond symlach, gyda sedd wedi'i chlustogi *(79)*. Arni mae enw'r bardd buddugol, J Gaerwenydd Pritchard, a enillodd gadair arall yn arddull yr ail ganrif ar bymtheg ym Methesda ym 1866 *(gweler plât 4)*.

ONE of the most fascinating gatherings in this era was the Children's Eisteddfod held in central Manchester on a Saturday evening in March of 1883. The location was the large 'Victorian Venetian Gothic' Memorial Hall, a prestigious setting for an event which brought together all of the Welsh chapels in the area.

The idea had originated in the Welsh Calvinist Methodist Chapel in Cheetham, on the outskirts of the city. The minister, Revd Thomas Gray, was born in Bangor and had moved to Manchester from Flintshire with his family of five children. The eisteddfod programme listed twenty-four items, including singing and recitations (in Welsh and English), as well as harp and piano playing. Some of these were contests and, in addition, there were competitions for handiwork, drawing, translations and essays. The children learned set poems, those over seven memorizing 'The Cataract of Lodore' written in 1820 by Robert Southey.

Thomas Gray was one of six ministers amongst the twenty adjudicators, and his sixteen-year-old son David was the chairman of the eisteddfod. Thomas's fourteen-year-old daughter Dora was the winner of the chair which, at thirty-four inches (86.5cm) tall, is much smaller than an adult armchair *(78)*. Made of good quality oak, and in a simplified Gothic style, the back panel is decorated with a pair of shields featuring the Three Feathers above a large fretted leek. A metal plaque incorporates the Mystic Mark and records the occasion.

In the same year a similarly robust but plain full-size Gothic chair, with an upholstered seat, was presented at the Anglesey Eisteddfod held at Gaerwen *(79)*. It is inscribed with the name of the winner, J Gaerwenydd Pritchard, who had won a 17th-century-style chair at Bethesda in 1866 *(see plate 4)*.

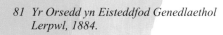

80 *Cadair Eisteddfod Genedlaethol
Lerpwl, 1884.*

National Eisteddfod chair,
Liverpool, 1884.

81 *Yr Orsedd yn Eisteddfod Genedlaethol
Lerpwl, 1884.*

The Gorsedd at the National Eisteddfod,
Liverpool, 1884.

YM 1882 a 1883 ni chynigiwyd cadair farddol yn wobr yn yr Eisteddfod Genedlaethol ond, yn hytrach, fedal aur gyda chadair arni. Er hynny, nid oedd neb yn deilwng. Yn ystod y 1870au a'r 1880au daeth yn arferiad i gynnal cystadleuaeth i lunio'r gadair farddol orau yn Adran Celf a Chrefft yr Eisteddfod. Ym 1884 yn Lerpwl noddwyd y gystadleuaeth hon gan y Cymmrodorion gyda £15 o wobr a aeth i Morris Henry Roberts, Llangollen. Mae ei gadair yn debyg i gadair 1876, ond yn yr achos hwn ychwanegodd aderyn Lerpwl o fewn y grib a phennau dreigiau ar y breichiau *(80)*. Gwelir y pedwar llew hefyd, sef emblem tywysogion y canol oesoedd, wedi ei lleoli'n amlwg ar y panel cefn ymhlith y Tair Pluen, y cennin a'r Nod Cyfrin. Dyma gyfnod a welodd alw am emblemau cenedlaethol i Gymru.

Enillydd y gadair yn Lerpwl oedd Dyfed unwaith eto. Ceir disgrifiad o'r achlysur yn y *Cyfansoddiadau* y flwyddyn honno (cyf.): 'Safai'r Gadair Farddol, enghraifft hardd gerfiedig, yng nghanol y llwyfan, ac wrth i'r beirdd a'r llenorion ymgasglu o'i hamgylch seiniwyd yr utgorn i dawelu'r dorf. ' Nodwyd hefyd bod copi o'r gadair wedi ei chyflwyno i Gorfforaeth Lerpwl ac fe'i defnyddiwyd, yn ôl y sôn, fel Cadair y Maer yn Siambr y Cyngor.

Cynhaliwyd cystadlaethau eraill i gynhyrchu'r 'Gadair Farddol Dderw Gerfiedig' yn Aberdâr ym 1885 ac yng Nghaernarfon ym 1886 gyda'r seiri celfi Thomas Williams o Ferthyr a John Williams, Dolgellau yn eu tro yn ennill £10 yr un. Yr oedd cerfio coed yn boblogaidd ymysg crefftwyr proffesiynol ac amaturiaid ac yr oedd digon o gyfleoedd iddynt gystadlu mewn eisteddfodau lleol a chenedlaethol. Yng *Nghyfansoddiadau* Caernarfon nodwyd: 'Y gweithiau celfyddydol mwyaf tarawiadol oeddynt y cadeiriau cerfiedig a anfonwyd i'r gystadleuaeth am y wobr am y gadair dderw oreu i'r prif-fardd. Dangosid tair ohonynt, ac yr oedd pob un yn dangos medrusrwydd mawr ar ran eu gwahanol wneuthurwyr.'

IN 1882 and 1883 the prize at the National Eisteddfod was a gold medal with a chair emblem, although neither was awarded. In the 1870s and 1880s there was sometimes a competition in the Art and Crafts section for the best chair. In 1884 at Liverpool the Cymmrodorion sponsored the contest with a £15 prize, which was awarded to Morris Henry Roberts of Llangollen. His chair is very similar to that of 1876, on this occasion featuring a liverbird on the crest and dragon heads on the arms *(80)*. Surrounded by the Three Feathers, leeks and Mystic Mark, the four lions of the medieval princes are more prominently placed in the back panel. This period was marked by a search for suitable national emblems.

The winner was once again Dyfed; according to the official report 'the Bardic Chair, a fine specimen of oak carving, stood in the centre of the platform, and as the bards and literati gathered around it a blast from the trumpet claimed the silence of the people'. A facsimile was reported to have been presented to the Liverpool Corporation and became 'the Mayor's Presiding Chair in the Council Chamber'.

Competitions were also held for the 'Carved Oak Bardic Chair' at Aberdare in 1885 and Caernarfon in 1886, with the cabinet-makers Thomas Williams of Merthyr and John Williams of Dolgellau, respectively, being successful and winning £10 each. Woodcarving was a popular occupation for professional woodworkers and amateurs alike, and catered for in competitions at the National and at local *eisteddfodau*. The *Transactions* for the Caernarfon Eisteddfod stated that (trans.): 'The most stunning works were the carved chairs sent in to the competition for the prize for the best oak chair for the chief poet. Three were displayed, and all showed great craftsmanship on the part of their makers.'

82 *Cadair Eisteddfod Genedlaethol
Llundain, 1887.*

*National Eisteddfod chair,
London, 1887.*

Llundain 1887 *London*

M 1887, blwyddyn Jiwbilî Aur y Frenhines Fictoria, cynhaliwyd yr Eisteddfod Genedlaethol yn Llundain. Adroddodd *The Times* (cyf.): 'Mae'r rhaglen yn debyg i'r rheiny yn y canolfannau lleol yng ngogledd a de Cymru sydd yn llwyddo i ddenu miloedd o wrandawyr eiddgar o ddosbarth na fyddai yn Lloegr yn tywyllu unrhyw fan lle ceid adloniant cerddorol.'

Ychwanegodd y papur am y digwyddiadau llenyddol (cyf.): 'Yr oedd yr Eisteddfod, er yn hurt ac yn ddibwys ar adegau, ac er gwaethaf tuedd y beirdd i'w mynegi eu hunain mewn modd rhwysgfawr, yn cynnwys elfennau o werth deallusol uchel.' Yr oedd yr *Illustrated London News* yn fwy bychanol o'r digwyddiad, gan honni ei fod, ar wahân i'r cystadlaethau cerddorol, yn fethiant anobeithiol.

Mae gan y gadair goeth a gyflwynwyd ar yr achlysur banel canol tebyg i gadair 1884, yn cynnwys y pedwar llew, yn ogystal â'r geiriau 'O Iesu Na'd Gamwaith', a'r Nod Cyfrin rhyngddynt *(82)*. O fewn y grib mae'r arfbais frenhinol gyda'r Tair Pluen (sydd bellach ar goll) ac '*Ich Dien*' wrth eu hymyl. Gadawyd gwagle mawr ar waelod cefn y gadair i osod plac pres gyda'r geiriau:

The Royal Jubilee Chair awarded together with a prize of £40 and a gold medal to the Rev. R A Williams (Berw) at the National Eisteddfod of Wales held in the Albert Hall, London 1887, for the best ode on 'Queen Victoria' and occupied by HRH The Prince of Wales as President of the Eisteddfod.

Yr oedd yr enillydd, Berw, hefyd yn feirniad ac aeth ymlaen i feirniadu mewn dros ugain o Eisteddfodau wedi hynny.

parhad ...

N 1887, the year of Queen Victoria's Golden Jubilee, the National was held in London. *The Times* commented: 'The programme is precisely similar in character to those which in local centres of North Wales and of South Wales have been found capable of collecting thousands of eager listeners drawn from a class which in England could scarcely be persuaded to enter the doors of any place of musical entertainment.'

Regarding the literary events the paper added that, 'The Eisteddfod, in spite of an occasional tendency to the ridiculous and the trivial, in spite of the weakness of the bards for bombastic expression, possesses features which are of high intellectual value.' The *Illustrated London News* was more disparaging; apart from the musical events, it was 'a dismal failure'.

The elaborate chair presented on this occasion has a shaped central panel similar to the 1884 example, and also features the four lions, as well as '*O Iesu Na'd Gamwaith*', with the Mystic Mark between *(82)*. The crest has the royal coat of arms with the Three Feathers (now missing) and '*Ich Dien*' alongside. A large space was left at the base of the back for a brass plaque, which reads:

The Royal Jubilee Chair awarded together with a prize of £40 and a gold medal to the Rev. R A Williams (Berw) at the National Eisteddfod of Wales held in the Albert Hall, London 1887, for the best ode on 'Queen Victoria' and occupied by HRH The Prince of Wales as President of the Eisteddfod.

The winner, Berw, would himself adjudicate at over twenty subsequent Nationals.

continued ...

83 Cadair a ddyluniwyd gan Richard Charles
    o Lundain, 1887.

Chair designed by Richard Charles
of London, 1887.

Diddorol yw sylwi bod cadair arall â'r dyddiad 1887 arni, yn arysgrifen y gwneuthurwr, wedi goroesi, a bu yng ngofal *The Royal Cambrian Academy of Art* yng Nghonwy hyd 1992 *(83)*. Nid oes leoliad na dyddiad eisteddfod arni, na motiffau cerfiedig cywrain ar wahân i un ddraig gerfiedig fach gyda'r arwyddair 'Garw Yw'r Ffordd I'r Goron'. Mae'n bosib mai at bwrpas gwahanol y gwnaed y gadair, megis yr arddangosfa a gynhaliwyd ym Mharis y flwyddyn honno, er bod enwau deugain o feirdd cynnar, yn cynnwys Aneirin a Taliesin, wedi eu cerfio ar ei chefn. Ond mae'r ffaith iddi gael ei dylunio gan Gymro o Lundain yn cynnig y posibilrwydd mai cadair aflwyddiannus oedd hon ar gyfer Eisteddfod y Jiwbilî.

Mae'n gadair drawiadol o ddyluniad blaengar. Pwysleisiwyd statws y dodrefnyn yn y terfyniadau yn pigfeinio'n grocedog yn ogystal â'r rhwyllwaith o dariannau crynion a ffurfiai'r cefn. Mae'n enghraifft gynnar o gadair eisteddfodol oedd wedi ei dylunio'n broffesiynol. Arni mae stamp yn nodi '*R Charles, London, Designer 1887, T Humphreys, Carnarvon, Maker*'. Cafodd Richard Charles ei hyfforddi fel saer celfi yng Nghaernarfon cyn symud i Warrington ym 1840. Aeth i Lundain ym 1865 lle bu'n gweithio fel dylunydd dodrefn masnachol yn yr arddull '*Old English*' gan fwyaf. Ar gyfer y gadair hon, comisiynodd Thomas Humphreys, saer o'i dref enedigol. Yr oedd yn ddyluniad blaengar, yn yr arddull Celfyddyd a Chrefft – efallai yn rhy flaengar i'r beirniaid a oedd wedi arfer â chadair eisteddfodol drom, gerfiedig wedi ei gorchuddio â motiffau Cymreig.

Another chair which is dated 1887, in a maker's inscription, survives and was in the possession of the Royal Cambrian Academy of Art in Conwy until 1992 *(83)*. It bears no indication of the location or date of an eisteddfod and has merely a small dragon emblem, rather than elaborately carved motifs, with the motto, '*Garw Yw'r Ffordd I'r Goron*' (The Path to the Crown is Rocky). It may have been made for another purpose, such as the Paris Exhibition held that year, although the back is inscribed with the names of forty early poets, including Aneirin and Taliesin. Designed by an expatriate in London, it seems distinctly possible, however, that it was an unsuccessful entrant for the Jubilee eisteddfod chair.

The chair is impressive and innovative, its importance accentuated by the spire-like crocketted finials and the enclosing back formed of a lattice-work of roundels. It is an early example of the participation of a professional designer, and bears the stamp 'R Charles, London, Designer 1887, T Humphreys, Carnarvon, Maker'. Richard Charles trained as a cabinet-maker in Caernarfon before moving to Warrington in 1840. In 1865 he went to London, where he worked as a designer of commercial furniture, mainly in the 'Old English' style, commissioning Thomas Humphreys of his home town for this project. It was a progressive design in the Arts and Crafts taste, and perhaps proved too much of a departure from the robust and heavily carved style, covered in Welsh references, for the judges.

84 **Grŵp o Feirdd Llanrwst**, *tua 1885.*

A Group of Llanrwst Bards, *circa 1885.*

H. Hobbiss

18. WATTON
BRECON.

85 Cadair Eisteddfod Genedlaethol
Aberhonddu, 1889.

National Eisteddfod chair,
Brecon, 1889.

86 Seremoni gyhoeddi (1888) yr
Eisteddfod Genedlaethol Aberhonddu, 1889.

Proclamation ceremony (1888) for the
National Eisteddfod, Brecon, 1889.

Aberhonddu 1889 Brecon

YM 1888 sefydlwyd pwyllgor i drefnu'r Orsedd ac etholwyd Clwydfardd yn Archdderwydd swyddogol am y tro cyntaf. Yr oedd yn oriadurwr ac yn bregethwr Methodistaidd a fu'n arwain y seremonïau Gorseddol er 1860.

Roedd cadair Aberhonddu, 1889 yn enghraifft arall a gafodd ei dewis mewn cystadleuaeth, a John Williams a enillodd y wobr o £10 unwaith eto. Yn Wrecsam y flwyddyn flaenorol, yr oedd wedi curo tri chydymgeisydd gyda chadair wedi ei cherfio yn syml ac yn ddiwair. Byddai gan yr ymgeiswyr eraill felly gadeiriau gorffenedig. Efallai mai dyma'r eglurhad pam fod cynifer wedi goroesi heb ddyddiadau na lleoliadau wedi eu cerfio arnynt. Mae'n bur debygol y defnyddiwyd cadeiriau aflwyddiannus mewn eisteddfodau llai, gan ychwanegu plac pres gyda manylion y digwyddiad. Yr oedd John Williams wedi bod yn ddigon eofn i gerfio 'Brycheiniog' ar ei gadair fuddugol ynghyd ag arfbais Aberhonddu (85). Nid Dyfed, enillydd y gadair, yw'r gŵr sy'n sefyll nesaf ati yn y llun - mae'n bosibl mai Williams ydoedd, neu urddasolyn oedd yn gysylltiedig â'r Eisteddfod neu'r dref. Mae'r dystysgrif yr ochr arall i'r gadair yn dangos yr enw 'James Williams FRCS JP'.

Mae'r ddraig ar gefn y gadair ar ffurf herodrol wahanol y tro hwn, gyda'i hadenydd ar led, yn dal tarian, ac wedi ei osod ar darian fwy. Defnyddiwyd dehongliad tebyg ar faner cyhoeddi'r Eisteddfod y flwyddyn flaenorol (86). Credir mai Williams hefyd oedd gwneuthurwr cadair eisteddfod Meirion, 1892 a ddyfarnwyd i'r Parch. Ben Davies, Ystalyfera. Mae hon eto yn cynnwys y ddraig ar ei sefyll, o dan y Nod Cyfrin a rhwng dail y dderwen (87).

IN 1888 a committee was established to organize the Gorsedd. Clwydfardd, a watchmaker and Methodist lay preacher who had conducted the ceremonies since 1860, was officially elected as the first Archdruid.

The chair for the Brecon National of 1889 was again selected by a competition held at the event, and John Williams once more won the £10 prize. The previous year at Wrexham he had beaten three rivals with his 'simple and chastely carved' entry. Again, there were candidates left with fully finished chairs, this system possibly accounting for those extant examples that lack carved locations and dates. Unsuccessful chairs were probably sometimes used at the numerous lesser events, and plaques added. Williams was, however, sufficiently bold to carve 'Brycheiniog' (Brecknockshire) and the arms of Brecon on his (85). The gentleman shown in the photograph alongside the chair is not Dyfed, the winning bard, and may be either Williams, or a dignitary connected to the Eisteddfod or the town. The certificate alongside the chair is headed 'James Williams FRCS JP'.

The dragon on the chair-back is in a different heraldic form than previously, with spread wings, holding a shield, and placed on a larger shield. A similar rendition had been used on the proclamation banner of the previous year (86). The Meirion eisteddfod chair of 1892, won by Revd Ben Davies of Ystalyfera, was probably also made by Williams, and uses the rampant form of dragon, beneath the Mystic Mark and flanked by oakleaves (87).

87 Panel o gadair Eisteddfod Meirion, 1892.

Panel from the Meirion Eisteddfod chair, 1892.

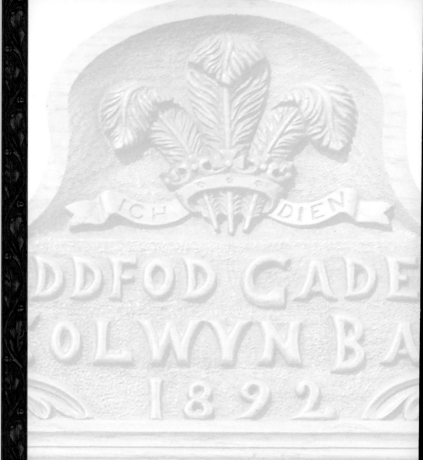

88 *Cadair Eisteddfod Bae Colwyn, 1892.*

Colwyn Bay Eisteddfod chair, 1892.

Bae Colwyn  1892 Colwyn Bay

RHODDWYD y gadair hon yn wobr yn Eisteddfod Gadeiriol Bae Colwyn 1892, un o'r eisteddfodau taleithiol a roddai gadair yn wobr am awdl *(88)*. Mae'n enghraifft debyg, ond symlach, i gadair Aberhonddu 1889, a daeth yn ddyluniad sefydlog ar gyfer cadeiriau'r eisteddfodau lleol a thaleithiol. Mae'r grib yn cynnwys plu Tywysog Cymru ac ar y panel cefn mae cenhinen wedi ei cherfio'n gain, a oedd yn anghyffredin mewn lleoliad mor amlwg. Cysylltir y genhinen â Chymru ers o leiaf cyfnod y Tuduriad pan ddechreuodd yr arferiad ymysg y Cymry, a'r brenin a'i lys mewn rhai cyfnodau, o wisgo cenhinen ar ddydd Gŵyl Dewi.

Yn Eisteddfod Powys a gynhaliwyd ym Meifod yr un flwyddyn, gwelwyd cadair Jacobeaidd drom; dyma arddull ffasiynol ar gyfer dodrefn seremonïol a dodrefn domestig y cyfnod *(89)*. Gan nad oes fotiffau arbennig yma, credir bod hon yn enghraifft a gafodd ei chynhyrchu'n fasnachol y tu allan i'r ardal leol ac yr addaswyd y panel cefn ar gyfer yr achlysur. Y bardd buddugol oedd Meiriadog (John Edwards), enillydd nifer o gadeiriau eraill.

THE Colwyn Bay chair of 1892 is inscribed *Eisteddfod Gadeiriol* (Chair Eisteddfod), the term used for those regional and district events which gave a chair, as the main prize, for a poem in strict metre *(88)*. This example is similar to that of Brecon in 1889, although slightly less elaborate, and this became one of the standard models for local and provincial events. The crest features the full version of the Prince of Wales's feathers and the back panel has a fine leek, which is unusual in such a prominent position. This emblem had been associated with Wales since at least the Tudor period with Welshmen, as well as at some periods the king and court, wearing a leek on St David's day.

At the Powys Eisteddfod held in the same year at Meifod, the chair was in the heavy 'Jacobean' style favoured in this period for both ceremonial and domestic furniture *(89)*. Since there are no special motifs this was probably a production model imported into the region, where the back panel was customized. The successful poet, Meiriadog (John Edwards), was the winner of many chairs.

89 Meiriadog gyda chadair Eisteddfod Powys, Meifod, 1892.

Meiriadog with the Powys Eisteddfod chair, Meifod, 1892.

90 Cadair Eisteddfod Libanus (Gorseinon),
1892.

Libanus (Gorseinon) Eisteddfod chair,
1892.

LIBANUS GORSEINON
ᐳᕀᐸ
ᐳEISTEDDFODᐸ
ᐳ1892ᐸ
WON BY ᐳ BRYN CHOIR ᐸ
ᐳ LEADER ᐸ D. JEFFREYS.

Libanus, Gorseinon 1892 Libanus, Gorseinon

PARHAODD yr arfer o gynnal eisteddfodau tafarn hyd y bedwaredd ganrif ar bymtheg. Yr oedd y tafarnwr William Williams yn adnabyddus am eu trefnu yng Nghwm Cynon, a cafodd ei adnabod fel 'y Carw Coch', ar ôl enw ei dafarn. Mewn nifer o ardaloedd fodd bynnag, cawsant enw drwg am fod yn ddigwyddiadau amharchus. Ond newidiodd hyn o ganol y ganrif pan gynhaliwyd y rhan fwyaf o'r eisteddfodau lleol mewn capeli. Roedd hyd yn oed y capeli lleiaf yn cynnal eisteddfod, a daeth cystadleuwyr o bellter i gymryd rhan. Nodwyd bod y capeli hyn mor llawn ar adegau, fel y byddai'n rhaid i'r corau berfformio yn eu seddau yn hytrach nag yn y blaen. Yn ôl y *Merthyr Express* (cyf.): 'Mae cerddoriaeth yn anadl einioes i'r mwyafrif o bobl, a'r Eisteddfod yw'r ffurf fwyaf poblogaidd ar adloniant cymdeithasol, a'i dulliau'n gynhysgaeth iddynt ers bore oes.' Yn yr ardaloedd diwydiannol yn arbennig, yr oedd yn arferiad i roi cadeiriau yn wobrau i'r corau buddugol yn ogystal ag i'r beirdd.

Dyfarnwyd cadair yn eisteddfod Libanus, Gorseinon ym 1892 i gôr Bryn, Llanelli *(90)*. Yr oedd yn gadair gyfforddus o fath *windsor* neu 'gadair ysmygu' â chefn bwa. Byddai'r cadeiriau hyn yn boblogaidd mewn tafarndai ac adeiladau cyhoeddus yn ogystal â chartrefi yn y cyfnod. Cawsant eu masgynhyrchu mewn canolfannau yn Lloegr a'u gwerthu mewn siopau ar hyd a lled Prydain.

Rhoddwyd cadeiriau *windsor* gwahanol mewn eisteddfodau eraill, ac ychwanegwyd placiau arian arnynt yn gofnod gan y pwyllgor, neu weithiau gan yr enillydd neu ei ddisgynyddion. Ceir un enghraifft sy'n cofnodi, '*This chair was won by Eryr Cynlais, Whit Monday, 1887.*'

THE earlier practice of holding poetic contests in taverns had continued into the 19th century. The publican William Williams was a famous organizer in the Cynon Valley, and known as '*y Carw Coch*' (the Red Stag) after the name of his establishment. In many areas, however, they had gained a reputation for being rowdy affairs. From mid-century, chapels became the main venues for local *eisteddfodau*, and these popular occasions were made respectable. Even tiny chapels held events, often attended by competitors from a distance. It is recorded that at some the interiors were so packed that choirs had to perform from their seating positions rather than the front. According to the *Merthyr Express*, 'Music is the very breath of life to the majority of people, and the Eisteddfod is the most popular form of social entertainment, its methods being imbibed from earliest childhood.' At many events, especially in the industrial areas, chairs were presented to the winning choirmaster rather than, or perhaps as well as, the poets.

The chair awarded at Libanus in Gorseinon in 1892 went to the Bryn, Llanelli, choir *(90)*. It was of the 'smoker's bow' windsor type, a comfortable design popular for use in both inns and public buildings as well as homes, which was mass-produced in several centres in England and distributed via retailers throughout the British Isles.

Other styles of windsor chair were presented at *eisteddfodau*, with silver plaques added later by the committee or even the winners or their descendants. One example records that, 'This Chair was won by Eryr Cynlais, Whit Monday, 1887.'

91 Cadair Eisteddfod Ryngwladol Chicago,
1893.

Chicago International Eisteddfod chair,
1893.

Chicago  1893 Chicago

CYNHALIWYD eisteddfod ryngwladol ym 1893 yn rhan o Ffair y Byd, Chicago i ddathlu pedwar canmlwyddiant glaniad Columbus. Cafodd eisteddfodau eu cynnal eisoes yn yr Unol Daleithiau, y gyntaf yn Carbondale, Pennsylvania ym 1850. Wedi hynny cafodd nifer helaeth eu trefnu gan gapeli a chymdeithasau dinesig, yn arbennig yn y cyfnod rhwng 1875 a 1915. Roedd Eisteddfod Chicago yn sioe fawreddog o Gymreictod. Ymwelodd tua 40,000 o bobl dros gyfnod o bedwar diwrnod. Côr o Scranton (Pennsylvania) gipiodd y brif wobr gorawl o $500 ond cafwyd buddugoliaethau enwog gan Gôr Meibion y Rhondda a Chôr Merched De Cymru Clara Novello Davies.

Yr oedd y gadair farddol drawiadol yn gweddu yn union i arddangosfa ryngwladol ac i gyfnod o gynnydd masnachol *(91)*. Cadarnhaodd hefyd yr hyder ymhlith y gymuned Gymreig-Americanaidd. Yr oedd breichiau a rhan isaf y gadair yn dilyn dyluniad tebyg i gadeiriau eraill ond yn dipyn ysgafnach ei golwg. Fodd bynnag, roedd cefn y gadair yn gwbl wahanol i'r traddodiadol ac ni welwyd cadair anghymesur o'r fath eto hyd yn gymharol ddiweddar. Mae arni eryr Americanaidd tri-dimensiwn a thelyn fawr, â'r Tair Pluen wedi eu cerfio'n gain oddi tano. Yng nghanol yr arysgrifen mae'r Nod Cyfrin wedi ei gerfio'n ysgafn. Er nad yw'n gadair esmwyth, mae iddi sedd wedi ei siapio, yn union fel cadair Richard Charles, 1887 – nodwedd anghyffredin ar gadair Gymreig.

Aeth y gadair i Dyfed, enillydd deg cadair o leiaf cyn hynny, gan gynnwys tair yn y Genedlaethol ym 1881, 1884 a 1889, ac eto ym Merthyr ym 1901. Bu'n Archdderwydd o 1905 ac yn feirniad ym mhob Eisteddfod Genedlaethol o 1883 hyd ei farwolaeth ym 1923.

AN international eisteddfod formed part of the World Fair held in Chicago in 1893 to commemorate the 400th anniversary of Columbus's voyage. The first eisteddfod to have been held in the United States had been at Carbondale, Pennsylvania, in 1850 and thereafter they were held by numerous civic organizations and chapels, especially between 1875 and 1915. The Chicago event was a spectacle of all things Welsh. Around 40,000 people visited over a four-day period. A Scranton (Pennsylvania) choir took the top choral prize of $500, but Rhondda Male Voice Choir and Clara Novello Davies's South Wales Ladies Choir won famous victories.

The striking bardic chair was exactly what might be expected from an international exhibition in this commercially expansive period *(91)*. In addition, it affirmed the confidence of the Welsh-American community. The arms and base of the chair were similar but lighter in feel than on those seen previously, and the back was a complete departure from the tradition; its asymmetrical layout was not repeated until very recent years. It features a three-dimensional American eagle facing a large harp, with a well-carved Three Feathers below. The Mystic Mark is present, lightly carved in the middle of the inscription. Although hardly made for comfort, the seat is shaped which, although it was seen on Richard Charles's chair of 1887, would have been an unusual feature on a Welsh chair.

It was won by Dyfed, who had already won at least ten chairs. These included the three Nationals of 1881, 1884 and 1889, and he won another at Merthyr in 1901. Dyfed became Archdruid in 1905 and was an adjudicator at every National from 1883 until his death in 1923.

BARDIC CHAIR.

DESIGNED BY MR. T. G. THOMAS, POST OFFICE,
CARNARVON.

92 *Rhaglen Eisteddfod Genedlaethol*
    Caernarfon, 1894.

    Programme for the National Eisteddfod,
    Caernarfon, 1894.

93 *Yr Orsedd yn Sgwâr y Castell,*
    Caernarfon, 1894.

    The Gorsedd in Castle Square,
    Caernarfon, 1894.

Caernarfon  1894 *Caernarfon*

YN ystod y 1890au, gosodwyd y gystadleuaeth i ddylunio cadair addas i'r Eisteddfod Genedlaethol cyn y digwyddiad weithiau. Er enghraifft, enillodd John Edwards £3 am ddylunio tystysgrif a £2 am 'Cynllunwaith o Gadair Farddol priodol i Eisteddfod Genedlaethol 1898', pan gynhaliwyd y brifwyl yn ei dref enedigol ym Mlaenau Ffestiniog. Yng *Nghofnodion* Eisteddfod Caernarfon 1894, rhestrwyd dwy gystadleuaeth: un am 'Cynllun o gadair farddol' ac un arall am 'Cadair dderw gerfiedig'. Enillydd y gyntaf oedd T Griffith Thomas o Swyddfa Bost Caernarfon a dderbyniodd £3 yn wobr, ac enillydd yr ail oedd Henry Williams o Benrhosllugwy, Amlwch a wobrwywyd â £10 a medal arian. Gellir tybio bod y cynllun buddugol wedi ei saernïo mewn pryd i'r achlysur gan fod braslun ohoni i'w weld yn rhaglen y flwyddyn honno *(92)*. Er hynny, nid yw'n hollol glir mai Henry Williams oedd y gwneuthurwr. Mae'n bosib ei fod ef wedi creu cadair wahanol ond wedi ennill y comisiwn i wneud y cynllun buddugol. Yn sicr, fe luniodd ddwy gadair debyg iawn ar gyfer y ddwy Eisteddfod ddilynol, a'u llofnodi '*Henry Williams, wood carver, Llangefni*'. Yr oedd yn un ar hugain oed ac yn fab i saer coed, Robert Williams. Er ei gyfenw cyffredin, credir ei fod yn perthyn i ddau o'r un enw: Henry Williams a redai siop gabinet ffyniannus ar Stryd Methusalem yng nghanol Amlwch, a'i fab Henry R Williams, saer celfi yn Llangefni.

Enillydd cadair 1894 oedd Elfed (Y Parch. Howell Elvet Lewis) a enillodd goronau ym 1888 a 1891 ac a urddwyd yn Archdderwydd ym 1924.

IN the 1890s a competition for a chair design was sometimes held prior to the National Eisteddfod. John Edwards, for example, won £3 for the design of a certificate and £2 for the 'Design for Bardic Chair suitable for 1898 National Eisteddfod' when it was held in his home town of Blaenau Ffestiniog. The *Proceedings* for the Caernarfon National of 1894 listed two classes: one for the 'Design of a Bardic Chair' and another for 'Carved Oak Bardic Chair'. The first was won by T Griffith Thomas of Caernarfon Post Office who received £3, the second by Henry Williams of Penrhosllugwy, Amlwch, who won £10 and a silver medal. The winning design was presumably made in time for the event since it appeared in the programme *(92)*. However, it is not clear whether Williams was the maker on this occasion. One possibility is that he won his section with another chair, but gained the commission to make the winning design. He certainly made two very similar chairs for the following Nationals since he inscribed them 'Henry Williams, wood carver, Llangefni'. Twenty-one years old, he was the son of a joiner, Robert Williams. Although it is a common surname, he was probably related to two namesakes: Henry Williams, who ran the thriving Methusalem Street Cabinet Shop in the centre of Amlwch, and his son, Henry R Williams, a cabinet-maker in Llangefni.

The 1894 chair was won by Elfed (Revd Howell Elvet Lewis) who had won the crown in 1888 and 1891 and was elected Archdruid in 1924.

94 Llwyfan y pafiliwn, Caernarfon, 1894.
The pavilion stage at Caernarfon, 1894.

95 *Cadair Eisteddfod Genedlaethol Llanelli, 1895.*

National Eisteddfod chair, Llanelli, 1895.

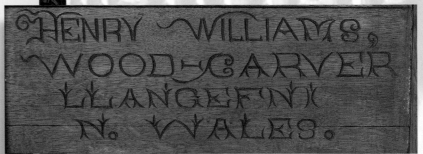

Llanelli

1895

Llanelli

ROEDD y tair cadair gan Henry Williams oll yn sylweddol eu maint ac wedi eu cerfio'n addurnedig - adlewyrchiad o ffasiwn dodrefn Fictoraidd. Dylanwadodd y ffasiwn hon yn drwm ar ddyluniad cadeiriau eisteddfodol am gryn amser wedyn, ar lefel genedlaethol, ranbarthol a lleol. Ymhlith y prif nodweddion oedd crib wedi ei siapio yn cynnwys y Tair Pluen, a oedd i'w gweld uwchben y bardd; y Nod Cyfrin oddi tani a'r ddraig goch ar ei sefyll. Yn ogystal â lleoliad, dyddiad ac arwyddair yr eisteddfod, defnyddiwyd motiffau megis dail y dderwen, cennin a geifr neu delynorion hynafol, angylion utganol a thaseli cerfiedig. Roedd y cadeiriau hyn yn adlewyrchu pensaernïaeth fawreddog y capeli ac adeiladau cyhoeddus a daethant yn gelfi amlwg mewn digwyddiad a oedd, erbyn hynny, yn datblygu'n basiant eithafol.

Enillydd cadair Llanelli (95) oedd Pedrog (Y Parch. John Owen Williams), gweinidog yn Lerpwl a urddwyd yn Archdderwydd ym 1928. Yr oedd yn fardd eisteddfodol llwyddiannus a enillodd ei gadair gyntaf ym Mhorthmadog ym 1887, a'r Genedlaethol ym 1891 yn ogystal â medal aur yn Utica, New York, UDA, ym 1889.

Aeth cadair Llandudno 1896 *(gweler plât 1)* i'r Parch. Ben Davies (96) a enillodd ei gadair gyntaf yn un ar hugain oed yn Nhredegar, 1885. Enillodd goronau hefyd ym 1892, 1893 a 1894.

parhad ...

THE three chairs by Henry Williams were in the massive and ornately carved High Victorian taste that came to dominate many future *eisteddfodau* at national, regional and local level. All featured a large shaped crest rail visible above the bard's head with the Three Feathers. The Mystic Mark was above a prominent and lively rampant dragon. The location, date and mottoes were accompanied by an array of motifs from the expected oakleaves, leeks and goats to archaic harpists, trumpeting angels and even carved tassels. They reflected the grandiose chapel and municipal architecture and formed a central prop in what was becoming a more extravagant pageant.

The Llanelli chair (95) was won by Pedrog (Revd John Owen Williams), a preacher in Liverpool who became Archdruid in 1928. He was a very successful eisteddfod poet, gaining his first chair at Porthmadog in 1887 and taking the National in 1891. In 1889 he won the gold medal at Utica, New York, USA.

The chair awarded at Llandudno in 1896 *(see plate 1)* went to Revd Ben Davies (96). He won his first bardic chair at the age of twenty-one at Tredegar in 1885, and also won the crown in 1892, 1893 and 1894.

continued ...

96 *Y Parch. Ben Davies gyda chadair Eisteddfod Genedlaethol Llandudno, 1896. Gwnaed gan Henry Williams, Llangefni.*

Revd Ben Davies with the National Eisteddfod chair, Llandudno, 1896. Made by Henry Williams, Llangefni.

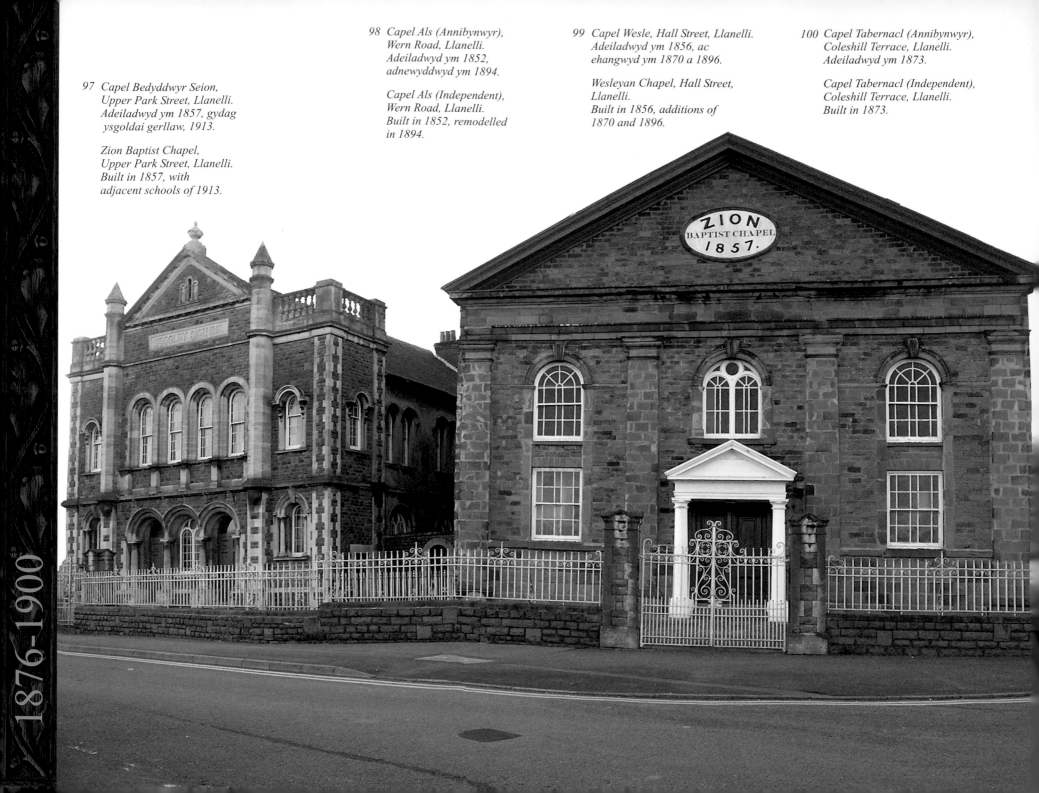

97 Capel Bedyddwyr Seion,
    Upper Park Street, Llanelli.
    Adeiladwyd ym 1857, gydag
    ysgoldai gerllaw, 1913.

    Zion Baptist Chapel,
    Upper Park Street, Llanelli.
    Built in 1857, with
    adjacent schools of 1913.

98 Capel Als (Annibynwyr),
    Wern Road, Llanelli.
    Adeiladwyd ym 1852,
    adnewyddwyd ym 1894.

    Capel Als (Independent),
    Wern Road, Llanelli.
    Built in 1852, remodelled
    in 1894.

99 Capel Wesle, Hall Street, Llanelli.
    Adeiladwyd ym 1856, ac
    ehangwyd ym 1870 a 1896.

    Wesleyan Chapel, Hall Street,
    Llanelli.
    Built in 1856, additions of
    1870 and 1896.

100 Capel Tabernacl (Annibynwyr),
    Coleshill Terrace, Llanelli.
    Adeiladwyd ym 1873.

    Capel Tabernacl (Independent),
    Coleshill Terrace, Llanelli.
    Built in 1873.

Er gormodedd cadeiriau'r cyfnod, maent yn adlewyrchiad o'r adeiladau cyhoeddus a dra-arglwyddiaethai dros drefi fel Llanelli, yn arbennig y capeli. Yr arweinwyr anghydffurfiol oedd y sefydliad newydd ac yr oedd mawredd ac uchelgais eu haddoldai yn gwbl wahanol i'r symlrwydd a ffafriwyd gan eu sylfaenwyr. Dyma gyfnod o gynnydd a hyder i'r Deyrnas Unedig, gyda'r Ymerodraeth ar ei hanterth, a de Cymru yn ganolbwynt i'r byd diwydiannol.

Erbyn hyn, roedd cryn gystadlu ymysg penseiri hunanddysgedig (nifer yn seiri hefyd) ac Anglicaniaid i godi adeiladau rhwysgfawr drwy gymysgu dylanwadau o bob cyfnod, gan ffafrio'r arddull Gothig yn bennaf. Cynlluniwyd yr adeiladau hyn gyda'r prif bwrpas o ddarparu lle i gynulleidfaoedd mawr i ymgynnull, ac o ganlyniad, roeddent yn gwbl addas ar gyfer cynnal eisteddfodau. Roedd digon o seddi hefyd yn y galeri uwchben ac islaw, oll wedi eu lleoli er mwyn gweld digwyddiadau'r sedd fawr. Pan adnewyddwyd Capel Als, Llanelli ym 1894 gan W Morris Roberts o Borthmadog, ail-osodwyd gwaith pren o safon arbennig, a oedd yn gwbl nodweddiadol *(98)*. Yn ddiweddarach, daeth yr adeiladau hyn yn drysordai i gadeiriau barddol; enillwyd nifer ohonynt gan weinidogion a blaenoriaid a'u gosod yn y mannau mwyaf amlwg.

parhad ...

What today are seen as the excesses of chairs from this period mirrored the public buildings which dominated towns like Llanelli, particularly the chapels. The leaders of nonconformity formed the new establishment, and the grandeur and ambition of their places of worship were in stark contrast to the simplicity favoured by the founders of the denominations. This was a confident and expansive period for the United Kingdom as a whole, at the height of the Empire, and for south Wales, which was at the centre of the industrial world.

Blending different historical styles, but favouring the Gothic by this date, self-taught architects (many of whom were carpenters) competed with each other and the Anglicans to erect buildings with ever more impressive show-front exteriors. Designed internally as auditoriums capable of accommodating very large congregations, these were ideally suited to *eisteddfodau*. Most of the space downstairs and in galleries was filled with seating and gave maximum visibility towards the platform. The remodelling of Capel Als in Llanelli in 1894 by W Morris Roberts of Porthmadog included superior quality woodwork of the standard which typified these buildings *(98)*. Such interiors subsequently became a repository for bardic chairs, with those won by their own preachers or deacons often placed in prominent positions.

continued ...

98

99

100

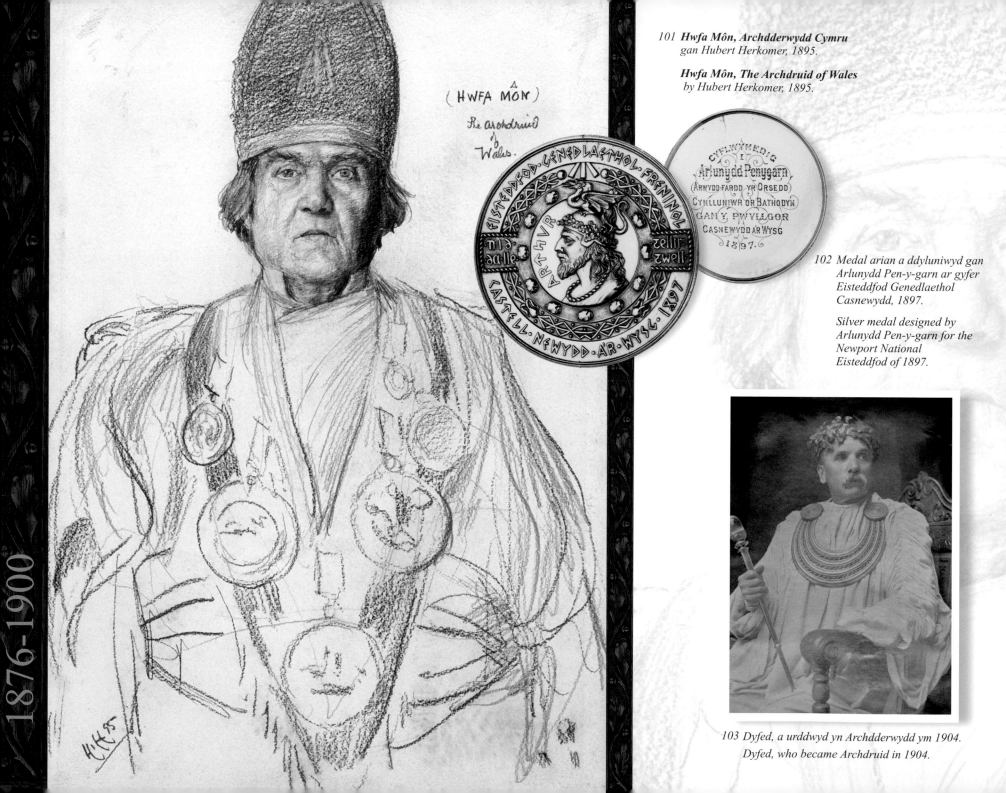

(HWFA MÔN)

The Archdruid
of
Wales.

101 **Hwfa Môn, Archdderwydd Cymru**
gan Hubert Herkomer, 1895.

Hwfa Môn, The Archdruid of Wales
by Hubert Herkomer, 1895.

102 Medal arian a ddyluniwyd gan
Arlunydd Pen-y-garn ar gyfer
Eisteddfod Genedlaethol
Casnewydd, 1897.

Silver medal designed by
Arlunydd Pen-y-garn for the
Newport National
Eisteddfod of 1897.

103 Dyfed, a urddwyd yn Archdderwydd ym 1904.
Dyfed, who became Archdruid in 1904.

Bu cryn newid ar y seremonïau syml a ddyfeisiodd Iolo Morganwg dros y blynyddoedd, er nad oedd pawb yn gefnogol, a bu amheuon am rai o'r gweithgareddau. Erbyn 1893 ysgrifennai'r archeolegydd Romilly Allen at yr Arwyddfardd yn beirniadu'r hynafiaethau ffug-Dderwyddol ac yn cyfeirio at Goelbren y Beirdd fel twyll enfawr. Yn yr un modd, ym 1896 bu John Morris-Jones, Athro'r Gymraeg ym Mangor, yn bwrw amheuaeth ar ddilysrwydd y seremonïau Gorseddol. Yn ymateb i hyn oll, aeth cefnogwyr yr Orsedd ati i ddyrchafu'r digwyddiad gan adfywio'r pasiantri lled-grefyddol a'r ddelweddaeth Geltaidd a oedd wedi colli eu bri ers canol y ganrif.

Charles Mansel Lewis o Gastell y Strade oedd cadeirydd y Pwyllgor Celf a Diwydiannau yn Eisteddfod Llanelli 1895, ac ef a wahoddodd ei ffrind, Hubert Herkomer, yr artist o Fafaria, i fod yn feirniad. Ond cafodd yntau ei siomi gan safon y cystadlu a regalia'r Orsedd gan fynd ati i ail-ddylunio gwisgoedd i'r beirdd a'r Archdderwydd. Yr oedd ganddo hoffter at y pictwrésg gan honni ysbrydoliaeth o fytholeg Geltaidd a Chymreig, drwy ei ddefnydd o ysgythriadau o 'Hen Frythoniaid' ac 'Archdderwyddon' cynnar. Ysgrifennodd ei fod yn 'llunio'r holl addurniadau, y Ddwyfronneg … y Tiara gyda dail y dderwen – oll, heblaw am ddail y dderwen, o aur pur [cyf.]'. Cyflwynodd yr urddwisgoedd ym 1896 gan ddatgan (cyf.): 'Mae'n rhy ddychrynllyd i feddwl am archdderwydd wedi ei wisgo'n anaddas. Rwy'n hapus i feddwl bod y fath drychineb wedi ei hosgoi am byth. Mae'n rhaid i'r Orsedd a'i harweinydd fod yn wahanol i neb arall o ran ei golwg yn ogystal â'i hanfod ysbrydol.'

Etholwyd Arlunydd Pen-y-garn (Thomas Henry Thomas) yn Arwyddfardd ym 1895. Cefnogai gynlluniau Herkomer ac aeth ati i ddylunio'r faner a chylch cerrig yr Orsedd. Cafodd symbol y Nod Cyfrin ei gymeradwyo ac roedd i'w weld ar rai o'r meini. Yng Nghasnewydd ym 1897, cyflwynodd Arglwydd Tredegar y Corn Hirlas ac ym 1899, yng Nghaerdydd, cyflwynodd Herkomer y Cleddyf Mawr.

The simple ceremonies invented by Iolo Morganwg had become elaborated over the years, although not everyone was supportive and some of the activity had been discredited. By 1893 the archaeologist Romilly Allen was writing to the Herald Bard criticizing the 'pseudo-Druidic antiquities' and calling the alphabet 'a gigantic fraud'. In 1896 John Morris-Jones, Professor of Welsh at Bangor, questioned the authenticity of the Gorsedd ceremonies. In reaction, the 1890s saw attempts by Gorsedd supporters to dignify the proceedings by reviving the quasi-religious pageantry and Celtic imagery which had gone out of favour since mid-century.

Charles Mansel Lewis of Stradey Castle chaired the Arts and Industries Committee at the Llanelli Eisteddfod and invited his friend, the Bavarian society painter Hubert Herkomer, to become adjudicator. He, however, was unimpressed by both the exhibits and the Gorsedd regalia, and designed new attire for the Archdruid and bards. He had a 'love for the picturesque' and claimed inspiration from Celtic and Welsh mythology, using engravings of 'Ancient Britons' and 'Archdruids' from earlier periods. He wrote that he was 'making the whole of the ornaments, Breastplate … and Tiara with oakleaves – all, with the exception of the oakleaves of pure, solid gold'. He presented the costumes in 1896 saying, 'For an arch druid to be wrongly dressed, that is too dreadful to contemplate. I am happy to think that such a calamity has been, for all times, averted. The Gorsedd with its chief must above all be distinctive in its outer appearance as well as in its inner spiritual being.'

The artist Arlunydd Pen-y-garn (Thomas Henry Thomas) was elected Herald Bard in 1895 and supported Herkomer's plans, himself designing the banner and stone circle. The Mystic Mark became the approved symbol, sometimes even appearing on the stones. At Newport in 1897 Lord Tredegar presented the Horn of Plenty and in 1899 Herkomer presented the Great Sword of Peace at Cardiff.

104 *Cadair Eisteddfod Aberdâr,*
1897.

Aberdare Eisteddfod chair,
1897.

Aberdâr  Aberdare

BELLACH, yr oedd yr eisteddfod yn fudiad poblogaidd a'r Genedlaethol yn ŵyl flynyddol a oedd yn cynnwys amrywiaeth eang o weithgareddau diwylliannol cystadleuol. Yn hyn o beth, gallai unigolion o bob lefel cymdeithasol gymryd rhan ac ennill bri a chydnabyddiaeth am eu hamrywiol ddoniau. Gyda dyfodiad y rheilffyrdd, denai'r eisteddfodau gynulleidfaoedd mawr a theithiai'r cadeiriau barddol hefyd yn yr un modd. Mewn llythyr o Ynys Môn i'r Amerig ym 1897 nodwyd (cyf.): 'Aeth Anne a minnau i Gasnewydd, de Cymru ar ddechrau'r mis. Roedd gwibdaith o Gaergybi i gôr Caergybi i'r Eisteddfod, lle cawsant yr ail wobr. Buom yn aros yno am wythnos a mwynhau yn fawr.'

Yr oedd cynllun cadair a ddyfarnwyd mewn eisteddfod leol yn Aberdâr yn yr un flwyddyn yn deillio o gadeiriau breichiau cefn panelog diwedd yr unfed ganrif ar bymtheg a dechrau'r ail ganrif ar bymtheg *(104)*. Mae'n bosib i'r dyluniad gael ei seilio ar gadair leol, ond yr oedd hwn yn arddull ddiwygiadol boblogaidd a gynhyrchwyd ar hyd a lled Prydain yn y cyfnod. Mae'n fwy tebygol bod cadeiriau barddol o'r math yn addasiad o'r cadeiriau poblogaidd hyn, ac yn yr achos yma, mae wedi ei staenio'n dywyll yn ôl ffasiwn yr oes. Daeth y math yma o gadair yn batrwm clasurol i'r eisteddfodau lleol drwy gynrychioli crefftwaith cadarn traddodiadol a hynafiaeth. Roedd yn gyfle hefyd i gynnwys addurn cerfiedig ar gefn y cadeiriau a fyddai'n fwy bywiog nag addurn ailadroddus y cyfnod. Ni welwyd symbolau'r Orsedd yn aml ar gadeiriau lleol, ond gwelwyd y ddraig yn rheolaidd a daeth yn fwyfwy poblogaidd fel emblem cenedlaethol. Mae enghraifft Aberdâr yn syml iawn, ac yn dangos y dyddiad a'r lleoliad yn unig.

THE eisteddfod had become a popular movement and the National an annual entertainment. It included a wide range of cultural activities, usually organized on a competitive basis. The events provided a platform for individuals of all social levels to gain prestige and widespread recognition for a variety of skills. The attendance of large audiences from all parts of the country, as well as the movement of chairs, was made possible by the railways. A letter from Anglesey to America in 1897 reported: 'Anne and me went to Newport South Wales, beginning of this month. There was an excursion from Holyhead for the Holyhead Choir to the Eisteddfod, they won the second Prize there. We stopped a week there and enjoyed ourselves very much.'

The chair awarded at a local eisteddfod at Aberdare in the same year was derived from the pancl-back armchairs of the late-16th and 17th centuries *(104)*. It might have been based on an actual local model, but this was a popular revivalist style produced throughout the British Isles. Such chairs may have been customized versions of standard production models and, like much of the furniture of the period, this example was stained black. This became the classic pattern for local *eisteddfodau*, representing solid traditional craftsmanship together with an appropriately antique pedigree. It also provided the opportunity for carved embellishment on the backs, which was often more lively than the usual mechanical decoration found at this date. These rarely used Gorsedd symbolism, but often featured the dragon, which became increasingly popular as a national emblem. The Aberdare example simply shows the date and location.

EISTEDDFOD
CADEIRIOL
MAGLONA
1898

105 Cadair Eisteddfod Machynlleth, 1898.

Machynlleth Eisteddfod chair, 1898.

106 Penllyn, bardd buddugol Machynlleth, 1898.

Penllyn, the successful poet at Machynlleth, 1898.

Machynlleth  1898 Machynlleth

YN ôl y gred, roedd unwaith gaer Rufeinig o'r enw Maglona ger Machynlleth. Bathwyd yr hen enw i'r dref gan hynafiaethwyr, ac yn eu plith dylunydd y gadair hon a gyflwynwyd mewn eisteddfod ym 1898. Roedd yr eisteddfod leol hon yn gangen o Eisteddfod Gadeiriol Powys – eisteddfod daleithiol nad oedd o dan unrhyw reolaeth ganolog yn y cyfnod.

Cynhaliwyd seremoni awr o hyd mewn cylch o gerrig o dan arweinyddiaeth Cadvan (Y Parch. J C Davies), o Gaernarfon, a urddwyd yn Archdderwydd ym 1923. Yn ôl y papur lleol, 'cyfeiriodd at hynafiaeth yr Orsedd', a honnai 'y gellid ei holrhain dros 3000 a hyd yn oed 4000 o flynyddoedd yn ôl [cyf.]', gan ychwanegu fod 'Mr T E Ellis, AS, a Mr Lloyd George, AS, wedi datgan yn Eisteddfod Casnewydd y llynedd ei bod yn fwy o fraint iddynt fod yn aelodau o'r orsedd nag yn aelodau seneddol'. Teimlai Cadvan fod yr eisteddfod yn sefydliad nodedig Gymreig ond yn ddim mwy na disgynnydd i'r Orsedd.

Dyfarnodd Pedrog mai'r bardd buddugol oedd Penllyn (Y Parch. W E Jones) o Golwyn, a enillodd un gadair ar ddeg a medal arian yn Utica, New York, UDA. Nid oedd yn bresennol ond cafodd ei gynrychiolydd ei gadeirio ar ei ran. Traddodwyd y gadair drwy deulu'r saer o Lanbryn-mair, Dymetris (Demetrius Owen) a thybir mai ef oedd y gwneuthurwr. Mae'n bosib iddo gadw'r gadair yn ddiogel ar ran Penllyn gyda'r bwriad o'i hanfon ymlaen ato (105). Mae'n parhau i gael ei gofio am ei grefftwaith unigolyddol ac artistig; yr oedd yn hanesydd, yn achyddwr ac yn fardd hefyd. Roedd yn bresennol yn yr eisteddfod hon ac enillodd wobr am draethawd. Roedd ganddo hoffter at gerfwaith ac aeth ati i addurno celfi gyda themâu a motiffau hynafol. Mae'n debyg bod y ddraig ddwy-droediog ar gefn y gadair yn deillio o'i stôr helaeth. Lluniodd nifer o gadeiriau eisteddfodol yn cynnwys rhai ar gyfer Llundain ac Awstralia, ac enillodd un hefyd yn Llangynog ym 1904.

IT was believed that there had been a Roman fort near Machynlleth, called Maglona. The name was used for the town by those of an antiquarian disposition, including the designer of the chair presented at an eisteddfod in 1898. This particular event was a scion of the Powys Eisteddfod, which was not under any central control in this era.

There was an hour-long ceremony in a stone circle conducted by Cadvan (Revd J C Davies) of Caernarfon, who became Archdruid in 1923. According to the local paper, he 'referred to the antiquity of the Gorsedd', which he claimed 'could be traced back 3000 and even 4000 years', adding that 'Mr T E Ellis, MP, and Mr Lloyd George, MP, at Newport Eisteddfod last year said they considered it a higher honour to be members of the Gorsedd than to be members of Parliament'. Cadvan felt that the eisteddfod 'was a most noble Welsh institution' but claimed it 'was merely an offspring of the Gorsedd'.

Adjudicated by Pedrog, the successful bard was Penllyn (Revd W E Jones) of Colwyn, who won eleven other chairs as well as a silver medal at Utica, New York, USA. He was not present and his representative was chaired in his place. The chair has descended in the family of the Llanbryn-mair carpenter Dymetris (Demetrius Owen) and he is the probable maker, perhaps retaining the chair for safe-keeping or onward-delivery (105). Still remembered for his individualistic and artistic workmanship, he was also a historian, genealogist and poet. He was one of the bards present at this event and won an essay prize. Particularly fond of carving, he is known to have embellished old furniture with antique themes and motifs. The splendid and archaic two-footed dragon on the back panel was presumably derived from his extensive repertoire. He made numerous chairs for *eisteddfodau*, including ones held in London and Australia, winning the chair himself at Llangynog in 1904.

107 Cadair Eisteddfod Colwyn,
     1899.

     Colwyn Eisteddfod chair,
     1899.

108 Cadair Eisteddfod Gwynedd,
     Llandudno, 1900.

     Gwynedd Eisteddfod chair,
     Llandudno, 1900.

MAE cadair Colwyn 1899 wedi ei harysgrifio ag enw'r gwneuthurwr, William Williams o Benrhosllugwy, Amlwch *(107)*. Ef oedd brawd ieuengaf Henry, a luniodd gadeiriau trawiadol y Genedlaethol rhwng 1894-96, felly nid yw'n syndod bod tebygrwydd rhyngddynt o ran maint ac addurn. Fel ei frawd, yr oedd yn ei ugeiniau, a gellir bod yn weddol sicr i'r ddau grefftwr weithio ar nifer o'r cadeiriau rhwysgfawr a welwyd yn y blynyddoedd dilynol. Enillydd y gadair oedd Bethel (Y Parch. Thomas Davies), gweinidog Capel Bethel, Sgwâr Mount Stuart, yn ardal y dociau, Caerdydd. Roedd yn fardd toreithiog a enillodd o leiaf chwe chadair arall.

Ceir enghraifft debyg ond ysgafnach ei golwg a wnaed ar gyfer Eisteddfod Gwynedd yn Llandudno ym 1900, gyda phlu Tywysog Cymru yn amlwg ar ei chrib *(108)*. Enillydd y gadair oedd Elphin (Robert Arthur Griffith), un o feirniaid y farddoniaeth amlwg grefyddol a dra-arglwyddiaethai dros yr Eisteddfod Genedlaethol yn ystod y degawd. Mae cadair arall â nodweddion tebyg, megis y llenni wedi eu taenu, wedi goroesi yn nheulu swyddog eisteddfodol *(109)*. Ni cheir arysgrif arni am na ddyfarnwyd y gadair am y rheswm nad oedd yr un bardd yn deilwng y flwyddyn honno. Mae'n bosib felly mai'r bwriad oedd ei defnyddio yn Eisteddfod Genedlaethol Caerdydd, 1899, pan ataliwyd y gadair.

109 Cadair eisteddfodol, tua 1899.

Eisteddfod chair, circa 1899.

THE Colwyn chair of 1899 is inscribed with the name of its maker, William Williams of Penrhosllugwy, Amlwch *(107)*. He was the younger brother of Henry, who produced the elaborate National chairs of 1894-96 and, unsurprisingly, there are close similarities in scale and decoration. Like his brother, he was still in his twenties, and it seems certain that these two craftsmen were responsible for many of the chairs found in this grandiose style in the following years. The chair was won by Bethel (Revd Thomas Davies), the minister of Bethel Chapel in Mount Stuart Square, in the docks area of Cardiff. He was a prolific poet who won at least six other chairs.

A similar, but somewhat lighter, example was made for the Gwynedd Eisteddfod held at Llandudno in 1900, in which the full Prince of Wales's feathers were prominent on the crest *(108)*. This was won by Elphin (Robert Arthur Griffith), one of the critics of the overtly religious poetry which had dominated the Nationals in this decade. A chair with many identical features, such as the drapes above the back panel, descended in the family of an Eisteddfod official *(109)*. Lacking an inscription, it was apparently not awarded 'as in that particular year no bard was deemed worthy'. It may, therefore, have been intended for the National Eisteddfod held in Cardiff in 1899, when the chair was withheld.

110 Rhaglen Eisteddfod Genedlaethol
Lerpwl, 1900.

Programme for the National Eisteddfod,
Liverpool, 1900.

111 Clawr rhaglen yr Eisteddfod Genedlaethol
gan T Griffith Thomas.

National Eisteddfod programme cover,
by T Griffith Thomas.

Lerpwl

Liverpool

CYNHALIWYD yr Eisteddfod Genedlaethol am yr eildro yn Lerpwl ym 1900, ac roedd y gadair yn un o'r rhai mwyaf cywrain yn ei hanes *(110)*. Unwaith eto, dyluniwyd hi gan T Griffith Thomas o Gaernarfon, a'i gwneud y tro hwn gan y cwmni celfi clodfawr, byd-enwog, *Waring & Gillow* o Lundain a Chaerhirfryn a oedd hefyd â siopau ym Manceinion, Lerpwl a Paris. Roeddent yn un o sawl cwmni mawr a gynhyrchai gadeiriau barddol, yn aml drwy ryw gysylltiad Cymreig.

Ar grib y gadair cerfiwyd aderyn Lerpwl o dan y Tair Pluen ond roedd cefn y gadair yn dangos newid cyfeiriad llwyr. Arni roedd derwydd mewn gwisg laes o dan dderwen, gyda chromlech yn y cefndir a'r tri phelydryn goleuni yn tywynnu o'r awyr. Pedrog oedd enillydd y gadair - ei drydedd fuddugoliaeth yn y Genedlaethol. Ceir adlais o thema'r gadair yn y rhaglen ac ar boster i hyrwyddo'r digwyddiad a addawodd *'Gorsedd of Bards and Musical Festival'*.

THE National was held for the second time in Liverpool in 1900 and the chair was probably the most elaborate to date *(110)*. It was, once more, designed by T Griffith Thomas of Caernarfon and made on this occasion by the prestigious and world-renowned cabinet-making firm of Waring & Gillow of London and Lancaster, who also had premises in Manchester, Paris and Liverpool. They were one of several major manufacturers that provided bardic chairs, often through a Welsh connection of some sort.

The crest featured a liverbird beneath the Three Feathers, but the back panel was a complete departure. This contained a druid in flowing robes beneath an oak tree, with a cromlech in the background and three rays of light coming from the sky. The chair was won by Pedrog, his third victory at a National. The theme of the panel was echoed in the event's programme and poster, the latter promising a 'Gorsedd of Bards and Musical Festival'.

112 *Yr Orsedd yn Lerpwl, 1900. Yr Archdderwydd Hwfa Môn yn sefyll rhwng Elfed a Cadvan.*

The Gorsedd in Liverpool, 1900. Archdruid Hwfa Môn is flanked by Elfed and Cadvan.

PENNOD PEDWAR

1901-1922

CHAPTER FOUR

1901-1922

1901-1922

113 *Yr Orsedd yn cyfarch T Gwynn Jones wedi ei fuddugoliaeth gyda'r awdl 'Ymadawiad Arthur' yn Eisteddfod Genedlaethol Bangor, 1902.*

T Gwynn Jones being greeted after his victory with the poem 'Ymadawiad Arthur' (The Passing of Arthur) at the National Eisteddfod, Bangor, 1902.

114 *Rhaglen Eisteddfod Genedlaethol, 1902.*

Programme for the National Eisteddfod, 1902.

CAFWYD cystadleuaeth i ddylunio cadair Eisteddfod Genedlaethol Bangor 1902, gyda'r cynigion i gyrraedd y beirniaid erbyn y cyntaf o Fawrth. Ni wyddys pwy ddyluniodd y gadair ond mae'n bosib i'r Pwyllgor gomisiynu cwmni i wneud y gadair fuddugol.

Y flwyddyn honno, cafodd y brifwyl ei dylanwadu gan themâu Celtaidd, a ddaeth i amlygrwydd mewn gwahanol ffurfiau yn y cyfnod. Cafodd patrymau Celtaidd eu poblogeiddio yn y wasg ers y 1880au a defnyddiwyd hwy fwyfwy gan ddylunwyr celf addurnol. Hyrwyddwyd yr arddull ffasiynol, ddinesig gan gwmnïau fel *Liberty & Co.*, ac roedd iddi apêl arbennig mewn rhai cylchoedd yng Nghymru gan fod yr 'addurn Prydeinig hynafol' yn cael ei hystyried yn anseisnig. O dan ddylanwad unigolion fel Arlunydd Pen-y-garn, gwelwyd adfywiad ym myd celf Geltaidd yng Nghymru. Amlygwyd hyn ym Mangor ym 1902; roedd y goron yn cynnwys patrymau plethedig a dewiswyd testunau Arthuraidd, yn hytrach na Beiblaidd, i'r awdl a'r bryddest. Cafodd y gadair a'r goron eu harddangos yn yr arddangosfa Gelf a Chrefft ym Mhalas yr Esgob trwy gydol wythnos yr Eisteddfod. Enillydd y gadair oedd T Gwynn Jones, gydag awdl a ddatganodd dadeni mewn barddoniaeth Gymraeg. Yr oedd yn absennol ar y dydd, ond cafodd ei gyfarch drannoeth yng nghylch cerrig yr Orsedd *(113)*.

Yr oedd yn gadair gwbl wahanol i'r rheini a welwyd yn y blynyddoedd blaenorol, a gellir tybio mai dyna'r rheswm dros ddewis y dyluniad. Roedd popeth am y gadair yn adlewyrchu ffasiwn ddiweddaraf y mudiad Celfyddyd a Chrefft; gwaith coed syml, heb addurn dianghenraid, a'r gwaith metel a lledr wedi eu llunio â llaw *(115)*. Byddai disgwyl i ddodrefnyn yn yr arddull hon fod yn ymarferol hefyd. Drwy gyfuno'r ystyriaethau hyn cynhyrchwyd cadair a edrychai fel gorsedd hynafol weddus, gyda chefn yn datgan 'Taliesin' a gosodwaith o efydd, yn cynnwys eryrod, y Nod Cyfrin a draig fytholegol.

parhad ...

THERE was a competition to design the chair at Bangor in 1902, with entries to be sent in by 1st March. It is not known who made the chair, but it may be that the Committee commissioned a company to make the winning design.

The event was characterized by Celtic themes, which were coming to prominence in many forms. Celtic designs had been popularized in print since the 1880s and were increasingly used by designers in the decorative arts. This was a fashionable metropolitan style, promoted by firms such as Liberty & Co., which had particular appeal to certain circles in Wales because this 'ancient British ornament' was seen as specifically non-English. Under the influence of figures such as Arlunydd Pen-y-garn there was a revival of Celtic art within Wales itself. This was in evidence at Bangor in 1902; the crown featured interlacing and the poetry subjects were set on an Arthurian, rather than biblical, theme. Both crown and chair were displayed in the Art and Crafts exhibition held in the Bishop's Palace throughout Eisteddfod week. The chair was won by T Gwynn Jones, whose entry heralded a renaissance in Welsh poetry. He was absent and was greeted the following day within the stone circle of the Gorsedd *(113)*.

The chair was a dramatic departure from those seen in the immediate past and the design had presumably been selected for that reason. It was in the very latest manifestation of the Arts and Crafts fashion, characterized by woodwork devoid of unnecessary ornament and the use of hand-crafted metalwork for fittings and hand-tooled leatherwork for upholstery *(115)*. Furniture in this style was also expected to be functional. These various considerations produced an article with the appearance of an appropriately archaic throne, with a back proclaiming 'Taliesin' and applied bronze plates featuring eagles, the Mystic Mark and a mythological dragon.

continued ...

115 *Cadair Eisteddfod Genedlaethol Bangor, 1902.*

National Eisteddfod chair, Bangor, 1902.

Cafodd pryderon y mudiad Celfyddyd a Chrefft gefnogaeth ymysg rhai yng Nghymru, yn arbennig y rheini a wrthwynebai ddiwydianeiddio. Ymhlith y cefnogwyr roedd rhai o'r mudiad eisteddfodol megis Thomas E Ellis, AS Meirionnydd a ddylanwadwyd gan John Ruskin a William Morris tra'n fyfyriwr. Ond yr oedd crefftwaith syml, didwyll ac ymarferoldeb yn absennol o'r rhan fwyaf o gadeiriau barddol, hyd y 1930au o leiaf.

Yr oedd y gadair a ddyfarnwyd yn y Ganllwyd ym 1902 yn llawer mwy nodweddiadol *(116)*. Ymgeisiodd deuddeg amdani ond y bardd, y diwinydd a'r cerddor, Y Parch. Thomas William Llynfri Davies, oedd yn fuddugol. Gwnaed y gadair gan Owen Griffith Tudor o Bwllheli, saer celfi a cherfiwr adnabyddus. Saernïodd bedwar ugain o gadeiriau barddol yn ei oes a bu farw'n sydyn tra'n gweithio ar yr unfed a phedwar ugain. Yr oedd Tudor yn bresennol yn y Ganllwyd ac yn un o nifer o feirdd i longyfarch y buddugwr â cherdd.

Fel cymaint o enghreifftiau o'r cyfnod, yr unig arwydd bod hon yn gadair eisteddfodol yw'r manylion sy'n ymddangos ar y plac (yn cynnwys enw'r gwneuthurwr). Oherwydd arbenigedd Tudor yn y maes, efallai bod hon yn un o gyfres o gadeiriau tebyg ganddo, gyda mân amrywiadau, a oedd ar gael yn barod i'w defnyddio at unrhyw ddigwyddiad. Yr oedd cerfio arysgrif yn broses lafurus ac nid oedd o fewn gallu pob crefftwr, sydd o bosib yn esbonio'r gwagle sydd ar lawer o gadeiriau.

Saif pentref y Ganllwyd mewn ardal wledig i'r gogledd i Ddolgellau. Yn yr un flwyddyn, yng Nghefn-mawr, cymuned ddiwydiannol ger Rhiwabon, sir Ddinbych, cyflwynwyd cadair debyg gyda £5 i R A Thomas o Flaenau Ffestiniog, un o blith un ar hugain o ymgeiswyr am gerdd ar y mesur rhydd.

The concerns of the Arts and Crafts Movement, particularly its opposition to industrialization, found support in certain quarters in Wales, not least from many who were part of the eisteddfod movement such as Thomas E Ellis, MP for Merioneth, who had been influenced by John Ruskin and William Morris as a student. But styles characterized by 'simple, honest workmanship' and functionality were largely absent from bardic chairs, at least until the 1930s.

Far more typical was the chair awarded at Ganllwyd in 1902 *(116)*. There were twelve entrants and the successful poet was the theologian and musician Revd Thomas William Llynfri Davies. The chair was made by Owen Griffith Tudor of Pwllheli, a well-known cabinet-maker and carver. He made eighty bardic chairs and died suddenly whilst making his eighty-first. Owen was present at Ganllwyd and was one of a number of poets who greeted the winner with verse.

Like many in this period, the only indication that this is an eisteddfod chair is the detail on the prominent plaque (which includes the maker's name). Since he made something of a speciality of this product, this chair may have been one of a line, made perhaps with minor variations, and readily available with no particular event in mind. Carved lettering was time-consuming and not part of the repertoire of every craftsman, and this may also explain its absence on many chairs.

Ganllwyd is a small village, north of Dolgellau, in the rural north-west. In the same year in Cefn-mawr, an industrial settlement near Ruabon in Denbighshire, a similar chair was presented, along with £5, to R A Thomas of Blaenau Ffestiniog, one of twenty-one entrants for a poem in free verse.

116 *Cadair Eisteddfod Ganllwyd, 1902.*

Ganllwyd Eisteddfod chair, 1902.

117 *Cadair Eisteddfod Rhymni, 1903.*

Rhymney Eisteddfod chair, 1903.

Rhymni 1903 Rhymney

SEFYDLWYD eisteddfod Rhymni o dan nawdd Cwmni Haearn Rhymni ym 1899 ac fe'i cynhaliwyd yn flynyddol, mewn pebyll mawr y tu cefn i'r gwaith haearn, hyd 1913. Yr oedd yn ddigwyddiad Lled-Genedlaethol a ddenodd nifer o gorau a beirdd ac a adnabuwyd fel Eisteddfod Gadeiriol Gwent. Llwyddwyd i sefydlu Ysbyty'r Gweithwyr yn Rhymni yn sgil yr elw a godwyd o'r ŵyl. Trefnwyd y rhaglen gan gyfarwyddwyr y cwmni a gredai, yn ogystal â'r elfen o gefnogaeth, y byddai gweithgareddau o'r fath yn rhwystro 'pob gwrthdaro rhwng cyfalaf a llafur gan sicrhau cytgord a heddwch [cyf.]'.

Enillwyd cadair 1903, gwerth £4 4s, a £5 o wobr ariannol unwaith eto gan Bethel, un o ddeuddeg o ymgeiswyr *(117)*. Fodd bynnag, nid oedd yn bresennol ar yr achlysur a bu'n rhaid hepgor seremoni'r cadeirio. Mae nifer o gadeiriau eisteddfod Rhymni wedi goroesi, a phob un fwy neu lai yn union yr un fath. Maent yn arddull Seisnig-Iseldiraidd yr ail ganrif ar bymtheg, a gwnaed hwy ym Mechelen, canolfan gynhyrchu dodrefn rhwng Antwerp a Brwsel. Yr oedd y dref yn arbenigo ar ddodrefn o wahanol arddulliau hanesyddol, llawn cerfwaith, ar gyfer eu hallforio drwy orllewin Ewrop, ac a oedd yn boblogaidd iawn yn ne Cymru. Cwblhawyd y saernïaeth beiriannol â llaw, ac yna eu mewnforio i Brydain a'u gwerthu drwy asiantau. Cynhyrchwyd nifer o gadeiriau mawreddog gydag arwyddlun o lewod Fflemaidd a ddefnyddiwyd gan bwysigion megis meiri, barnwyr a chadeiryddion. Addaswyd y fersiynau barddol drwy ychwanegu darn bwaog i'r grib (ar gyfer elfennau megis dyddiad, y Tair Pluen a'r Nod Cyfrin) a phanel cefn i gynnwys testun y gerdd.

parhad ...

THE Rhymney eisteddfod was established under the auspices of the Rhymney Iron Company in 1899 and was held each year until 1913 in marquees behind the ironworks. It was a large event attended by numerous choirs as well as poets and was styled the Gwent Chair Eisteddfod and a Semi-National. The considerable proceeds were used to establish the Rhymney Workmen's Cottage Hospital. The programme was led by the company's directors, who took more than a mere paternalistic view of their role, hoping through such activities to prevent 'all friction between capital and labour and secure harmony and peace'.

The 1903 chair, worth £4 4s, given with a £5 cash prize, was another of those won by the poet Bethel, one of twelve competitors *(117)*. He was absent and the chairing ceremony was dispensed with on this occasion. A number of the chairs presented at Rhymney have survived and they are virtually identical. They are in a 17th-century Anglo-Dutch style and were made in the great furniture manufacturing centre of Mechelen (between Antwerp and Brussels), which specialized in profuse carving and historic styles for export throughout western Europe. Their products were extremely popular in south Wales. The machine carving was finished by hand, and articles were imported into the British Isles and distributed through agents. Prestigious-looking chairs with armorial crests featuring Flemish lions were a regular line, used for mayors, judges and committee chairmen. The bardic examples were adapted with the addition of an arched superstructure (which included such features as the date, the Three Feathers and the Mystic Mark), and a back panel with lettering which gave the subject of the poem.

continued ...

118 Cadair Eisteddfod y Fenni,
1909.

Abergavenny Eisteddfod chair,
1909.

Ym 1909, yn Eisteddfod y Fenni, cyflwynwyd cadair ddiwygiadol yn arddull cadeiriau canoloesol, sef fframwaith siâp X, gyda phanel cefn wedi ei addasu yn yr un modd (yn cynnwys y Nod Cyfrin, cenhinen, telyn a draig) *(118)*.

Credir i gadeiriau Rhymni gael eu cyflenwi a'u haddasu gan Henry Roberts o Langollen (a luniodd gadair y Genedlaethol ym 1884), ac yna gan ei ddilynydd, Arthur Avery, a hysbysebodd ei gwmni yn rhaglen 1912 *(119)*. Wrth adrodd hanes yr eisteddfod ym 1902, soniodd y papur newydd fod cadair dderw hardd wedi cyrraedd o'r gogledd. Mae'n debyg mai ar y trên y cludwyd hi.

Cyflwynwyd cadeiriau o Mechelen mewn eisteddfodau eraill, weithiau heb eu haddasu. Dyfarnwyd dwy i'r bardd Gwili (John Jenkins), a urddwyd yn Archdderwydd ym 1932, er mai dim ond cof y teulu sy'n eu hadnabod fel cadeiriau barddol *(120)*.

In 1909 a revivalist chair of the medieval X-frame type, with a similarly adapted back panel (featuring the Mystic Mark, leek, harp and dragon), was presented at the Abergavenny Eisteddfod *(118)*.

The Rhymney chairs were supplied, and probably customized, by Henry Roberts of Llangollen (who had made the National chair in 1884) and then his successor Arthur Avery who took a large advertisement in the 1912 programme *(119)*. A newspaper report of the 1902 event recorded that the 'beautiful oak chair' had arrived 'from the north', presumably by train.

Chairs from Mechelen were presented at other *eisteddfodau*, but not always with adaptations. The poet Gwili (John Jenkins), who became Archdruid in 1932, won two at local events in this period, and it is only family recollection that identifies them as bardic chairs *(120)*.

" Y Gwir yn erbyn y Byd."

"Calon wrth Galon." "Duw a phob Daioni."

"Oes y Byd i'r Iaith Gymraeg."

EISTEDDFOD

CADAIR GWENT,
- RHYMNI, -

DYDD MAWRTH Y SULGWYN, MAI 28, 1912.

" Mor o Gan yw Cymru i Gyd.'

Gwent Chair Eisteddfod

(FOURTEENTH ANNUAL),

WHIT-TUESDAY, MAY 28th, 1912.

The Eisteddfod will commence at 10 a.m.
Preliminary Competitions at 9.30 a.m. —
ADMISSION : : : 3/-, 2/-, 1/-

Proceeds in aid of the Rhymney Workmen's Cottage Hospital.

PROGRAMMES - - TWOPENCE EACH.
"ORDER OF THE DAY" (Price 3d.),
containing full particulars, ready MAY 21st, 1912.

G. J. Jacobs & Co., Printers, &c., "Guardian" Offices,
Rhymney, New Tredegar and Bargoed.

119 Rhaglen Eisteddfod Rhymni, 1912.

Programme for the Rhymney Eisteddfod, 1912.

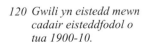

120 Gwili yn eistedd mewn cadair eisteddfodol o tua 1900-10.

Gwili seated in an eisteddfod chair of circa 1900-10.

121 *Cadair Eisteddfod Pontsenni,*
   1906.

   Sennybridge Eisteddfod chair,
   1906.

122 *Cadair Eisteddfod Dre-fach (Llangeler),*
   1907.

   Dre-fach (Llangeler) Eisteddfod chair,
   1907.

Pontsenni 1906 Sennybridge

Yr oedd y cadeiriau a ddyfarnwyd ar lefel ranbarthol gan amlaf yn fersiynau syml o'r hyn a ffafriwyd yn yr Eisteddfodau Cenedlaethol yn ystod y bedwaredd ganrif ar bymtheg. Heb yr addurn gormodol, yr oedd yn arddull hanesyddol a oedd yn gweddu i'r deunydd parhaus o dderw brodorol a'r technegau traddodiadol ar hyd y wlad. Yn aml, cawsant eu gwneud gan grefftwyr ardal yr eisteddfod, fel yn achos Pontsenni ym 1906, lle llofnodwyd y gadair 'Davies's, Cabinet Makers, Sennybridge' (121). Cynhyrchodd y cwmni teuluol ddodrefn i'r cartref ac i eglwysi ymhell i ganol yr ugeinfed ganrif.

Un nodwedd arbennig ar nifer o gadeiriau barddol yw'r coesau blaen ar ffurf sgwâr, dyluniad a welir weithiau o dan y breichiau hefyd. Yr oedd nifer o amrywiaethau, megis yn yr achos hwn, gyda throed yn wynebu tuag allan. Nid oedd yn debyg i'r coesau sgwâr neu grwn a geid ar gadeiriau arferol ac mae'n debyg ei bod yn ymgais ymwybodol i ymddangos yn hynafol.

Cyflwynwyd gadair ddigon tebyg, ond bod ganddi goesau blaen turniedig, i Alfa (Y Parch. William Richards) yn Nre-fach, ger Llangeler, ym 1907 (122).

Yr oedd y gadair a gyflwynwyd yn Eisteddfod Genedlaethol Caernarfon ym 1906 yn ymdebygu i orsedd ganoloesol, wedi ei dylunio a'i saernïo gan *Maple & Co.*, cwmni dodrefn blaenllaw o Lundain (123).

CHAIRS presented at district level were typically simplified versions of a type that had been favoured at the Nationals in the late-19th century. Stripped of the excesses, this was a historic style which fitted easily with the continued use of native oak and the practice of traditional techniques, which were still to be found throughout the country. They were often made by craftsmen local to the event, as was the case at Sennybridge in 1906 where the chair was inscribed 'Davies's, Cabinet Makers, Sennybridge' (121). This family firm produced both domestic furniture and church fixtures well into the century.

One distinctive feature found on many bardic chairs was a square-type of front leg, a design often repeated on the underarm supports. This had a number of variations, appearing here with an outward-facing foot, but was unlike the standard square or rounded legs used on other types of chairs, and may have been a self-conscious attempt to appear archaic.

A not dissimilar chair, but with turned front legs, was presented to Alfa (Revd William Richards) at Dre-fach, near Llangeler, in 1907 (122).

The chair produced for the National at Caernarfon in 1906 had the sense of a medievalist throne, and was designed and made by Maple & Co., a leading London furniture firm (123).

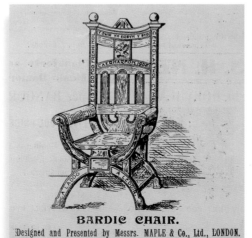

BARDIC CHAIR.
Designed and Presented by Messrs. MAPLE & Co., Ltd., LONDON.

123 Rhaglen Eisteddfod Genedlaethol Caernarfon, 1906.

Programme for the National Eisteddfod, Caernarfon, 1906.

124 Cadair Eisteddfod Genedlaethol
Abertawe, 1907.

National Eisteddfod chair,
Swansea, 1907.

125 Cadair Eisteddfod y Glais,
1909.

Glais Eisteddfod chair,
1909.

Abertawe 1907 Swansea

UNWAITH yn rhagor, cynhaliwyd cystadleuaeth yn rhan o adran Gelf a Chrefft yr Eisteddfod Genedlaethol am gadair farddol o dderw. Y dyddiad cau i'r ymgeiswyr oedd Gorffennaf y trydydd ar ddeg, a byddai'r gadair fuddugol wedi hynny'n eiddo i'r Pwyllgor i'w chyflwyno i'r bardd buddugol gyda £10 10s o wobr i'r gwneuthurwr. Cafwyd tri ymgeisydd o dan y ffugenwau: 'Llywellyn Glyn', 'Cyndir' a 'EP'. Yr olaf oedd yr enillydd, Evan Phillips, Aberhonddu, a lofnododd ei enw o dan sedd y gadair i ddangos mai ef ocdd y gwneuthurwr a'r cerfiwr *(124)*. Mae'r cerfwaith yn cynnwys telyn gyda dail y dderwen yn y grib, ac arfbais Abertawe o fewn tarian. Dyfarnwyd y gadair i'r bardd Bethel unwaith eto, gyda gwobr ariannol o £20.

Diddorol yw sylwi bod y gadair hon yn debyg iawn i gadair Eisteddfod Aberhonddu 1889 yn ei dyluniad a rhai manylion, gan gynnwys ffurf y ddraig. Gwnaed honno gan John Williams o Ddolgellau, a gafodd lwyddiant sawl gwaith. Mae'n amlwg bod Phillips yn ymwybodol o'r gadair ac efallai iddo ei defnyddio yn batrwm. Mae panel cefn cadair arall sydd wedi goroesi, gydag 'Cadair Eisteddfod Aberhonddu 1906' arni *(126)*, eto yn edrych fel gwaith Phillips, yn yr un arddull â chadair a ddyfarnwyd yn y Glais, Cwm Tawe ym 1909 *(125)*, y ddwy gydag arfbeisiau perthnasol. Mae cadair Glais yn fanylach na'r gadair Genedlaethol gan gynnwys arfbais Duduraidd yn y grib a'r llewod canoloesol ar y panel cefn. Credir bod y dyddiad a'r lleoliad yn ôl-ystyriaeth ac mae'n bosib fe'i lluniwyd cyn bod y comisiwn yn bendant. Aeth y gadair i weinidog yr Annibynwyr lleol, Niclas y Glais (Y Parch. Thomas Evan Nicholas), enillydd sawl cadair farddol trwy Gymru, yn cynnwys Llanuwchllyn ym 1911 a Charmel, Ynys Môn, ym 1912.

IN 1907 there was again a competition in the Art and Crafts section of the National Eisteddfod, for a 'Bardic Chair, of Oak'. Entries had to be received by the 13th July, and the one chosen was to become 'the property of the Committee, for presentation to the winning bard', drawing a prize of £10 10s for the maker. There were three entrants with the pseudonyms 'Llywellyn Glyn', 'Cyndir' and 'EP'. The last, Evan Phillips of Brecon, was the winner and he signed his name, as maker and carver, under the seat *(124)*. The carving includes a harp with oakleaves in the crest, with the coat of arms of Swansea featured within a shield. The chair was another of those awarded to Bethel, along with a £20 prize.

The chair is very similar to that made for the Brecon Eisteddfod of 1889 in both overall design and many of the details, including the form of the dragon. It had been made by John Williams of Dolgellau, who was successful in several such competitions. Phillips was obviously aware of this chair and may have used it as his model. The back panel of another chair, carved '*Cadair Eisteddfod Aberhonddu* [Brecon] *1906*' *(126)*, survives, which also appears to be Phillips's work, as does a chair awarded at Glais, in the nearby Swansea Valley, in 1909 *(125)*, both featuring relevant coats of arms. The Glais chair is more elaborate than the National chair and includes the Tudor coat of arms in the crest and the medieval lions in the back panel. The location and date look like an afterthought, and so the chair may have been made prior to a definite commission. It went to the local Congregationalist minister Niclas y Glais (Revd Thomas Evan Nicholas), the winner of a number of chairs throughout the country, including contests at Llanuwchllyn in 1911 and Carmel, Anglesey, in 1912.

126 Panel o gadair Eisteddfod Aberhonddu, 1906.
Panel from the Brecon Eisteddfod chair, 1906.

127 *Cadair Eisteddfod Genedlaethol
Llangollen, 1908.*

*National Eisteddfod chair,
Llangollen, 1908.*

Llangollen 1908 Llangollen

YN Llangollen ym 1908, yr oedd y gadair a gyflwynwyd gan J S Waring, Llundain, yn un o'r rhai cyntaf o'r cadeiriau trawiadol, ymwybodol 'Geltaidd' a gynhyrchwyd ar gyfer yr Eisteddfodau Cenedlaethol dros y degawd nesaf (127). Byddai rhai unigolion oedd yn gysylltiedig â'r mudiad eisteddfodol hefyd yn rhan o fudiad Celtaidd rhyngwladol a oedd yn ddolen gyswllt i grwpiau cenedlgarol bychain; yn y Gyngres Geltaidd a gynhaliwyd yng Nghaernarfon ym 1904, gwelwyd y fintai Gymreig mewn urddwisgoedd barddol.

Nid oedd y gadair yn debyg i enghreifftiau blaenorol, gyda chefn ar ffurf croes Geltaidd ac arysgrif farddol yn ei chanol o amgylch y Nod Cyfrin, 'Cadair Farddol Llangollen'. Yr oedd yr ochrau caeëdig wedi eu haddurno â seirff a rhan fwyaf yr arwynebedd, yn cynnwys y cefn, wedi ei addurno â chydblethiadau. Efallai yr ysbrydolwyd y dyluniad gan yr hyn a ystyriwyd yn arddulliau Clasurol a Bysantaidd a welwyd ar bren a charreg. Mae llawer o gadeiriau o'r cyfnod, yn arbennig y rhai a gynhyrchwyd gan gwmnïau y tu allan i Gymru, yn dangos y dylanwadau hyn. Enillydd y gadair am gerdd ar y bardd Fictoraidd poblogaidd, Ceiriog (John Ceiriog Hughes), oedd Y Parch. John James Williams. Ef oedd enillydd cadair hynafol Caernarfon ym 1906 ac a urddwyd yn Archdderwydd ym 1936.

Yn y cyfamser, yn yr eisteddfodau rhanbarthol, parhaodd y cadeiriau a ddyfarnwyd i feirdd a chorau i ddilyn y patrwm traddodiadol. Yr oedd cadair a ddyfarnwyd yn Aberystwyth ym 1908 yn cynnwys cenhinen gerfiedig gain o fewn panel, gyda label y gwneuthurwr arni, W E Jones, Croesoswallt (gweler plât 12). Saer celfi ydoedd a 'Dealer in Old Oak and Mahogany Furniture', a hysbysebai wersi cerfio coed hefyd.

AT Llangollen in 1908 the chair 'presented by J S Waring Esq, London' was the first of a number of impressive and self-consciously 'Celtic' designs produced for Nationals over the next decade or so (127). Some of those associated with the Eisteddfod were part of an international Celtic movement which linked various small nationalist groups; the Welsh contingent at a Celtic Congress held in Caernarfon in 1904 had appeared in bardic robes.

The chair is unlike previous examples, with a back formed of a Celtic cross, the centre of which is inscribed in bardic script '*Cadair Farddol Llangollen*' around the Mystic Mark. The enclosing sides are profusely decorated with serpents and much of the surface, including the rear, is embellished with interlacing. Like many of the chairs of this period, especially those produced by firms from outside Wales, it may have been influenced by designs thought to represent Classical and Byzantine styles in wood and stone. The chair, for which the subject was the popular Victorian poet Ceiriog (John Ceiriog Hughes), was won by Revd John James Williams. He had won the archaic chair at Caernarfon in 1906 and became Archdruid in 1936.

Meanwhile, chairs at district level, awarded to both poets and choirs, continued to follow the traditional pattern. The chair awarded at Aberystwyth in 1908 has a fine leek panel and bears the label of the maker, W E Jones of Oswestry (see plate 12). He was a cabinet-maker and 'Dealer in Old Oak and Mahogany Furniture', and advertised 'lessons given in wood carving'.

128 *Cadair Eisteddfod Genedlaethol Llundain, 1909.*

National Eisteddfod chair, London, 1909.

129 *Poster ar gyfer Eisteddfod Genedlaethol Llundain, 1909.*

Poster for the National Eisteddfod, London, 1909.

Llundain  London

YM 1909 cynhaliwyd y Genedlaethol yn Llundain unwaith eto. Ymdebygai'r gadair i ddyluniad cadair 1902, er ei bod yn fwy ac yn cynnwys cydblethiadau addurnol *(128)*. Nid oedd unrhyw waith llythrennu arni, a phrin oedd y symbolau ar wahân i'r cennin yn y terfyniadau a'r Nod Cyfrin yn amlwg ar y grib. Erbyn hyn, y Nod Cyfrin oedd symbol cydnabyddedig yr Orsedd ac ymddangosodd ar raglenni, baneri ac ar feini'r Orsedd.

Efallai yn ymateb i lwyddiant cadair 1902, neu yn ymateb i'r feirniadaeth ar gadeiriau eraill, yr oedd gofynion y gystadleuaeth yn hynod benodol (cyf.): 'Cadair Dderw, addas ar gyfer y Brif Wobr Farddol (rhaid dwyn i ystyriaeth ffurf, esmwythdra, a defnyddioldeb fel dodrefnyn i'r cartref)'. Y bardd buddugol unwaith yn rhagor oedd T Gwynn Jones.

Cynhaliwyd y brifwyl eto yn Neuadd Albert, a oedd hefyd yn gartref i eisteddfod flynyddol Llundain. Dechreuodd y digwyddiad yma fel eisteddfod Capel Heol Falmouth ym 1889, cyn ehangu i gynnwys Cymry Llundain ym 1894, gyda'r cystadlaethau cerddorol yn agored i bawb. Symudodd i Neuadd y Dref, Shoreditch ym 1895, ac o'r fan honno i Neuadd Albert ym 1904, pryd y cafodd ei hadnabod fel Eisteddfod Gadeiriol Llundain.

Roedd yr Eisteddfod ym 1909 yn gyfle i fudiad Merched y Bleidlais dorri ar draws areithiau gan Yr Arglwydd Asquith a David Lloyd George. Diarddelwyd hwy o'r ŵyl, a gwelwyd y sefydliad Rhyddfrydol ac Anghydffurfiol Cymraeg ar ei anterth anorchfygol yn ymateb yr Archdderwydd, Dyfed, a gwynodd am eu haerllugrwydd.

parhad ...

IN 1909 the National was once more held in London. The chair was of a similar design to that of 1902, though larger, and with interlaced ornament *(128)*. There was no lettering and symbolism was confined to leek finials and the Mystic Mark, conspicuous on the crest. The latter was now the established symbol of the Gorsedd and appeared on programmes, banners and the stones.

Perhaps in response to the success of the 1902 chair, or in response to misgivings about others, the selection competition was uncharacteristically specific in one respect: 'A Chair in Oak, suitable for the Chief Bardic Prize (regard must be paid to form, comfort, and usefulness as a piece of domestic furniture)'. It was won, once more, by T Gwynn Jones.

The event was held at the Albert Hall again, which had become the venue for London's own annual event. What had started as the Falmouth Road Chapel eisteddfod in 1889 was opened to all London Welsh in 1894 and the musical events were open to all-comers. In 1895 it had moved to Shoreditch Town Hall and by 1904 to the Albert Hall, being known as *Eisteddfod Gadeiriol Llundain*.

The National of 1909 provided an opportunity for suffragettes to interrupt speeches by Lord Asquith and David Lloyd George on succeeding days. The women were ejected and, with the Welsh Liberal and nonconformist establishment in their unassailable prime, Archdruid Dyfed complained of their 'audacity'.

continued ...

Rev Thos Davies
Cilwedd Bard 1907

130 Bethel yn eistedd mewn cadair eisteddfodol,
     tua 1909.

     Bethel seated in an eisteddfod chair,
     circa 1909.

Enillwyd cadair debyg iawn i hon gan y bardd Bethel, ac er nad oedd yr un cydblethiadau addurnol ar ei gadair ef, gellir bod yn weddol sicr mai'r un gwneuthurwr oedd yn gyfrifol am y ddwy *(130, 131)*. Fel cadair Genedlaethol 1909, nid oes unrhyw gyfeiriad at y digwyddiad arni felly ni wyddys ar ba achlysur y'i dyfarnwyd i Bethel. Ond mae'n amlwg iddi gael ei hystyried yn gelficyn o bwys gan ei gapel. Wedi marwolaeth Bethel ym 1922, rhoddwyd organ hardd yn y capel er cof amdano a gosodwyd y gadair mewn lleoliad canolog, o fewn trefniant cymesur *(132)*. Mae cadeiriau a enillwyd gan weinidogion i'w gweld o hyd mewn lleoliadau amlwg yng nghapeli heddiw, er nad ydynt efallai mor esmwyth â'r enghraifft hon.

A very similar chair was won by Bethel, and although his lacked the interlacing, both chairs were almost certainly by the same maker *(130, 131)*. Like the National chair of 1909, this example has no indication of the event and it is not known where it was won. It was clearly regarded as an important and venerable object since, after Bethel's death in 1922, a fine organ was installed in his memory in the chapel of which he had been minister since 1878, and this chair was placed in the central position of an extremely symmetrical arrangement *(132)*. Other chairs won by ministers are found today in similar positions, but they do not usually have the benefit of comfort which had been specified for this style.

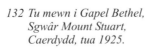

131 Cadair eisteddfodol, tua 1909.

Eisteddfod chair, circa 1909.

132 Tu mewn i Gapel Bethel, Sgwâr Mount Stuart, Caerdydd, tua 1925.

Interior of Bethel Chapel, Mount Stuart Square, Cardiff, circa 1925.

133 *Cadair Eisteddfod Genedlaethol Bae Colwyn, 1910.*

National Eisteddfod chair, Colwyn Bay, 1910.

134 *Rhaglen Eisteddfod Genedlaethol Bae Colwyn, 1910.*

Programme for the National Eisteddfod, Colwyn Bay, 1910.

Bae Colwyn 1910 Colwyn Bay

DYLUNIWYD cadair Genedlaethol 1910 gan gwmni penseiri J M Porter ac Elcock a'i chynhyrchu gan y seiri dodrefn, Daniel Allen a'i Feibion – y ddau gwmni wedi eu lleoli ym Mae Colwyn *(133)*. Islaw terfyniadau ar ffurf pennau geifr a'r Nod Cyfrin o ifori, y brif elfen ar gefn y gadair oedd y ddraig, a oedd yn amlygu'n symbol cenedlaethol yn y cyfnod hwn. Trafodwyd ei hunion ffurf gyda Phwyllgor yr Eisteddfod ac ym mis Ionawr ysgrifennodd y dylunwyr at yr Amgueddfa Genedlaethol yn gofyn cyngor ar y mater (cyf.): 'Datganwyd y farn nad oedd coesau ôl gan ddraig, ond cynffon sarff … gan bod sawl ffurf wedi ei defnyddio gydag awdurdod Swyddfa'r Herodr, yr ydym yn awyddus i gael y ffurf gywiraf posibl.' Atebodd W Evans Hoyle, 'Yn anffodus nid oes gennym wir enghraifft o'r anifail yn yr Amgueddfa Genedlaethol ond rwyf yn cyfeirio eich llythyr at Mr Thomas Henry Thomas sy'n awdurdod ar y mater.' Atebodd T H Thomas (Arlunydd Pen-y-garn) yn ei dro, 'Mae'r ddraig, yn arferol, yn greadur pedair-troed mewn herodraeth…. Yn achos <u>Draig Goch Cymru</u>, mae wedi cael ei darlunio mewn sawl modd, gyda phedair a dwy droed … rhaid troi at y *Book of Standards* yng Ngholeg yr Arfau, Llundain. Yno mae sawl darlun o'r faner.' Canlyniad hyn oll oedd defnyddio ffurf y ddraig sydd i'w gweld ar faner Cymru heddiw, ar wahân i'r gynffon.

Dyfarnwyd y gadair i Robert Williams Parry am ei gerdd enwog 'Yr Haf', a defnyddiwyd hi eto ym Mangor ym 1943, yng nghyfnod yr Ail Ryfel Byd.

THE National chair in 1910 was designed by the architects J M Porter and Elcock, and made by the cabinet-makers Daniel Allen and Sons, both firms of Colwyn Bay *(133)*. Below goats' head finials and an ivory Mystic Mark, the back is dominated by a dragon, which was becoming the pre-eminent national symbol. Its exact form was discussed with the Eisteddfod Committee, and in January the designers wrote to the National Museum asking their advice: 'The opinion was expressed that a dragon had no hinder legs but the tail of a serpent … as several forms have been used with the authority of the Heralds' Office we are anxious to have as near as possible the true form of the device.' W Evans Hoyle replied, 'I regret to say that we have no authentic specimen of the animal in the National Museum. I have however handed your letter to Mr Thomas Henry Thomas who is a recognized authority on these matters.' T H Thomas (Arlunydd Pen-y-garn) in turn wrote, 'The dragon, in general, is a four footed creature in heraldry…. So far as the <u>Dragon of Wales</u> is concerned, it has been variously drawn, and both four and two footed forms have been used … we must consult the Book of Standards in the College of Arms, London. We have there several drawings of the flag.' The end result was, apart from the tail, the form taken on the national flag today.

The chair was won by Robert Williams Parry for his celebrated poem '*Yr Haf*' (The Summer), and was used again at Bangor in 1943, during the Second World War.

135 David Jones gyda
chadair Eisteddfod Earlestown, 1911.

David Jones with the
Earlestown Eisteddfod chair, 1911.

Earlestown 1911 Earlestown

Bu eisteddfodau yn ddigwyddiadau cyson yng nghapeli Glannau Merswy. Roedd David Jones yn nodweddiadol o grefftwr a adawodd gefn gwlad gogledd Cymru am gyfle gwell yn y canolfannau diwydiannol. Cafodd ei brentisiaeth fel saer gan dad ei fam, a adeiladodd y capel a'r dafarn yn ei bentref genedigol, Pen-y-bont-fawr, sir Drefaldwyn. Ym 1890, yn ddeg ar hugain oed, symudodd Jones i Ellesmere Port ac ymlaen i Fanceinion. Yno, cafodd waith gyda chwmni gwneud celfi a'i anfonodd, yn ôl ei ysgrif goffa, fel cynrychiolydd i'r Arddangosfeydd yn y Palas Grisial ac ym Mharis. Tua 1900, cyrhaeddodd Earlestown (Newton-lc-Willows) ar lannau Merswy lle bu'n aelod brwd yn y capel, yn aelod o bwyllgor yr eisteddfod ac 'ef oedd yn gyfrifol am wneud y cadeiriau derw cerfiedig i arweinyddion y corau buddugol yn yr eisteddfodau lleol. Yr oedd hefyd wedi ennill nifer o wobrau am gerfio coed [cyf.]' (135). Mewn gweithdy y tu cefn i'w gartref, aeth ati yn ei amser rhydd i wneud dodrefn i'w deulu, ffrindiau a chymdogion gan ffafrio arddulliau traddodiadol gydag elfennau ysgafn o'r mudiad Celfyddyd a Chrefft.

Yn y Genedlaethol yng Nghaerfyrddin yr un flwyddyn, yr oedd y gadair eto yn dilyn yr un patrwm sefydledig, ond yn cynnwys mwy o gerfwaith drosti (136). Fe'i gwnaed gan William Thomas, 'Ironmonger and House Furnisher', o'r dref ac fe'i dyfarnwyd i Gwilym Ceiriog (William Roberts).

136 Tudalennau o raglen Eisteddfod Genedlaethol Caerfyrddin, 1911.

Pages from the programme for the National Eisteddfod, Carmarthen, 1911.

EISTEDDFODAU were regular events on Merseyside and were based in the Welsh chapels. David Jones was typical of the craftsmen who left rural north Wales to find opportunities in the industrial centres. He was trained as a carpenter by his maternal grandfather who built the chapel and public house in their home village of Pen-y-bont-fawr in Montgomeryshire. In 1890, at the age of thirty, Jones moved to Ellesmere Port and then Manchester. There he found employment with a cabinet-making firm who, according to his obituary, sent him 'as its representative to the Crystal Palace and Paris Exhibitions'. Around 1900 he arrived in Earlestown (Newton-le-Willows) where he became an active member of his chapel, serving on its eisteddfod committee and 'it was he who made the carved oak chairs for the conductors of the winning choir at local Eisteddfods. He had himself won many prizes for wood carving' (135). In a workshop behind his home he made furniture for his family and neighbours in his spare time, favouring traditional designs but with the lighter feel associated with the Arts and Crafts style.

The chair made for the National held in Carmarthen in the same year, whilst of this similar established type, was more heavily embellished (136). It was made by William Thomas, 'Ironmonger and House Furnisher', of the town and won by Gwilym Ceiriog (William Roberts).

137 *Cadair Eisteddfod y Tabernacl (Treforys),
1911.*

*Tabernacl (Morriston) Eisteddfod chair,
1911.*

Tabernacl, Treforys 1911 Tabernacl, Morriston

GELWIR y capel mwyaf trawiadol yng Nghymru, y Tabernacl Treforys, yn 'gadeirlan anghydffurfiaeth'. Fe'i hadeiladwyd ym 1873 gan Thomas Humphreys, saer lleol a aeth yn bensaer ac yn adeiladwr. Mae'r talwyneb trawiadol gyda'r wyth colofn Gorinthaidd yn dal i dra-arglwyddiaethu dros y stryd fawr ac mae ei dŵr yn gawraidd wrth ochr twr yr eglwys Anglicanaidd gerllaw.

Dydd Nadolig oedd yr achlysur am eisteddfodau yn y Tabernacl ac ym 1911, cynhaliodd y capel yr ail a deugain digwyddiad blynyddol. Dyfarnwyd cadair gwerth £5 5s a £20 i Thomas Morgan, arweinydd Cymdeithas Côr Meibion Treforys a drechodd eu cydymgeiswyr lleol o Glydach (137). Mewn cystadleuaeth arall am y Gân Actol, aeth y wobr i'r unig ymgeiswyr sef criw bad achub Treforys gyda chymorth gan arwresau o blith merched Pen y Mwmbwls. Ar yr un dydd, cynhaliwyd tair eisteddfod arall yn yr un ardal.

Mae'r gadair yn fwy o faint na'r arfer ond yn fath weddol gyffredin a gynhyrchwyd gan gwmni mawr ar gyfer achlysuron o'r fath. Mae'r fframwaith a'r cerfwaith yn dilyn patrwm safonol a'r unig arwydd i ddynodi ei bod yn gadair eisteddfodol yw'r ddraig ar y grib. Mae manylion yr eisteddfod a'r enillydd oll wedi eu cofnodi ar blac pres.

THE most impressive chapel in Wales, Tabernacl in Morriston, is known as the 'cathedral of nonconformity'. Built in 1873 by Thomas Humphreys, a local carpenter turned architect and builder, its impressive façade, supported by eight massive Corinthian columns, still dominates the main street and its imposing steeple dwarfs that of the nearby Anglican church.

Christmas Day was the occasion for *eisteddfodau* at Tabernacl and in 1911 the chapel held its 42nd annual event. A chair valued at £5 5s, plus £20 cash, was presented to Thomas Morgan, conductor of the Morriston Male Voice Society, who beat their local rivals from Clydach (137). A novel class, the 'Action Song', saw the prize going to a Morriston 'squad of lifeboatmen assisted by heroines of the women of Mumbles Head', the only entrants. On the same day there were three other *eisteddfodau* held in the district.

The chair is larger than most of this type, but was probably one of a regular line, produced by a major firm for similar events. Both framework and carving follow standard patterns, the only sign that it was even for an eisteddfod being the dragon on the crest. Details of the location, date and winners are preserved on a brass plaque.

138 Twr uchel y Tabernacl ger Eglwys Sant Ioan, Treforys.

Tablernacl steeple towering above St John's Church, Morriston, shown in the foreground.

139 Cadair Eisteddfod Genedlaethol, gwnaed ar gyfer Bangor ym 1914 (cyflwynwyd ym 1915).

National Eisteddfod chair, made for Bangor in 1914 (presented in 1915).

YM 1913, cafodd y gadair Genedlaethol a ddyfarnwyd yn y Fenni ei hennill am y dyluniad gorau mewn cystadleuaeth yn yr adran Gelf a Chrefft. Fel ym 1912, roedd y gystadleuaeth yn gofyn am ddyluniad gwreiddiol ar gyfer cadair farddol, mewn arddull Roegaidd, Etrwsgaidd, Geltaidd neu Ganoloesol Gynnar. Cadarnhaodd hyn y farn fod yr arddull Geltaidd yn cael ei hystyried yn hynafol a denodd y gystadleuaeth ymgeiswyr â'r ffugenwau Claisvar, Roma, Jeda, Ap Elli, Palladio a Kelt. Roedd y gadair lwyddiannus yn debyg i gadair Llangollen 1908, a'r enillydd oedd Sarnicol (Thomas Jacob Thomas).

Yn sgil y Rhyfel Byd Cyntaf, bu'n rhaid ad-drefnu Eisteddfod Genedlaethol Bangor 1914 i'r flwyddyn ddilynol. Roedd y gadair fawreddog o dderw wedi ei staenio'n dywyll gyda chefn blaengar ar ffurf cylch a ddyluniwyd ac a gyflwynwyd gan '*Messrs. Waring & Gillow Ltd, Bold St, Liverpool*' *(139)*. Mewn hysbyseb yn rhaglen yr Eisteddfod, ymfalchïai'r cwmni eu bod yn gweithio'n gyson yng ngogledd Cymru. Yr unig symbolaeth ar y gadair yw'r ddraig ar ei sefyll, gyda dreigiau canoloesol fel seirff ar y breichiau. Yr ysgolhaig, T H Parry-Williams, oedd yn fuddugol ac 'fe'i harweiniwyd i'r Llwyfan gan ddau o'r Prif-Feirdd'. Ef hefyd oedd enillydd y goron, camp a gyflawnodd yn fyfyriwr ym 1912.

Unwaith yn rhagor, gwelwyd bod yr eisteddfodau lleol yn dueddol o ffafrio'r arddull draddodiadol, fel yn achos cadair Hugh Davies, Dolgellau gyda phanel o ddail derw bywiog ar gyfer eisteddfod Llanbadarn Fawr, ym 1914 *(gweler plât 19)*.

Weithiau cynhyrchwyd cadeiriau gan gwmnïau o gryn bellter. Yn rhaglen Eisteddfod Genedlaethol y Fenni, 1913, ceir hysbyseb gan gwmni Fattorini a'i Feibion, Bradford, '*Makers of Eisteddfod Prizes*'. Mae'n darlunio enghraifft o gadair eisteddfodol syml a wnaed ar gyfer eisteddfod Llansannan, Llungwyn, 1911. Yn ogystal, dangosir yr amrywiaeth o wobrau eraill a gynhyrchwyd ganddynt, yn cynnwys coronau, bathodynnau, medalau, cwpanau a tharianau.

IN 1913, the chair at the Abergavenny National had been the result of the winning design in the Art and Crafts section. The specifications were, as in 1912, for an 'original design for a Bardic Chair, Greek, Etruscan, Celtic or Early Medieval style'. This placed the Celtic as an accepted early style and drew entrants with the pseudonyms Claisvar, Roma, Jeda, Ap Elli, Palladio and Kelt. The successful chair was similar to that presented at Llangollen in 1908 and was won by Sarnicol (Thomas Jacob Thomas).

Due to the outbreak of war, the National Eisteddfod intended for Bangor in 1914 was not held until the following year. The imposing chair in stained oak had an innovative circular back and was 'designed and presented by Messrs. Waring & Gillow Ltd, Bold St, Liverpool' *(139)*. Their programme advertisement stated that the firm was 'continuously working in North Wales'. Symbolism is confined to a rampant dragon on the back, with medieval serpent-like dragons on the arms. The chair was won by the scholar T H Parry-Williams who was 'escorted to the platform by two of the Principal Bards'. He also won the crown, a feat which he had accomplished in 1912 whilst still a student.

Once more, the local events tended to favour the traditional, and Hugh Davies of Dolgellau made a standard example, but with a lively oakleaf panel, for the Llanbadarn Fawr eisteddfod in 1914 *(see plate 19)*.

Chairs of a more manufactured type were sometimes supplied from afar. The programme for the Abergavenny Eisteddfod of 1913 featured an advertisement from Fattorini & Sons of Bradford, 'Makers of Eisteddfod Prizes'. It illustrated a basic chair made for an eisteddfod held at Llansannan on Whit Monday in 1911 and showed their range as including crowns, badges, medals, cups and shields.

140 Cadair Eisteddfod y Tymbl,
1915.

Tumble Eisteddfod chair,
1915.

141 Amanwy (ail o'r chwith) gyda ffrindiau.

Amanwy (second from left) with friends.

Y Tymbl  Tumble

YR oedd y gadair a gyflwynwyd yn y Tymbl ym 1915 yn un o sawl enghraifft â fframwaith syml gyda darnau mawr yn croesi cefn y gadair ac yn uno gyda'r coesau blaen (140). Arddull debyg i arddull o'r ail ganrif ar bymtheg o ogledd yr Eidal a Sbaen ydoedd yn ei hanfod, a rhoddodd y cyfle i osod llythrennu amlwg o fewn cefndir cerfiedig.

Enillydd y gadair oedd Amanwy (David Rees Griffiths), glöwr o Rydaman a brawd i James Griffiths, AS Llanelli. Dyma oes aur yr eisteddfod; cynhaliwyd hwy yn gyson ym mhob ardal, gyda nifer fawr yn rhoi cadeiriau i feirdd, gan amlaf am gerdd yn y mesur rhydd. Cydweithiodd Amanwy gyda Gwili fel ysgrifennydd Cymdeithas Cymmrodorion Rhydaman ac roedd yn nodweddiadol o'r beirdd a ymgeisiai'n gyson mewn eisteddfodau gan ennill llawer o wobrau. Erbyn ei fod yn bymtheg ar hugain oed yr oedd Amanwy wedi ennill pump ar hugain cadair, ac erbyn 1923, o fewn chwe blynedd arall, yr oedd wedi ennill hanner cant a dwy. Enillodd dair dros y Nadolig ym 1922, yng Nghil-ffriw (ger Castell-nedd), Glanaman a Phwllheli. Ym 1925 enillodd dair arall ar y Llungwyn, yn Aberffraw, Pontyberem a Llanymddyfri, oll gyda gwahanol gerddi, gan ennill £16 16s yn ogystal â'r cadeiriau.

Ni fu Amanwy erioed yn llwyddiannus yn y Genedlaethol, er iddo ymgeisio am y goron sawl tro, gan dderbyn canmoliaeth am ei farddoniaeth. T Gwynn Jones oedd y beirniad pan enillodd ei gadeiriau buddugol ym Môn, Manceinion a Glyn Ceiriog.

Gosodwyd plac ar gadair Tymbl wedi marwolaeth Amanwy yn ei ddisgrifio fel 'Glöwr, Gwerinwr, Bardd' a'r geiriau 'Minnau – a garaf mwyach – Werin yr hen Gwm'.

THE chair awarded at Tumble in 1915 was one of a number made with simple basic frames having large shaped cross-sections or plaques forming the back and joining the front legs (140). This was in essence a 17th-century northern Italian and Spanish style and gave the opportunity for prominent lettering amid a carved background.

It was won by Amanwy (David Rees Griffiths), an Ammanford collier who was brother to James Griffiths, MP for Llanelli. This was the heyday of the eisteddfod, with regular events in every locality, and many gave chairs to poets, usually for free verse. Amanwy assisted Gwili as secretary to the Ammanford Cymmrodorion Society and was typical of those poets that continually entered contests across Wales and won numerous prizes. By the age of thirty-five he had won twenty-five chairs and by 1923, six years later, he had won fifty-two. Amanwy won three over Christmas in 1922 – at Cilfriw (near Neath), Glanaman and Pwllheli. In 1925 he won another three on Whit Monday, at Aberffraw, Pontyberem and Llandovery; these were all with different poems, netting £16 16s in addition to the chairs.

Amanwy never won at the National, although he entered several times for the crown and his poems were commended. Three of his chairs, at Anglesey, Manchester and Glyn Ceiriog, had been adjudicated by T Gwynn Jones.

A plaque was placed on the Tumble chair after Amanwy's death, describing him as 'Glöwr, Gwerinwr, Bardd' (Miner, One of the People, Poet), adding 'Minnau – a garaf mwyach – Werin yr hen Gwm' (Henceforth I love – the People of the dear Valley).

142 *Cadair Eisteddfod Genedlaethol Penbedw, 1917.*

National Eisteddfod chair, Birkenhead, 1917.

143 *Cerdyn post a gyhoeddwyd yn Aberystwyth, tua 1920.*

Postcard published in Aberystwyth, circa 1920.

"Hedd Wyn's" Home and Bardic Chairs

Penbedw 1917 Birkenhead

Ymwyaf adnabyddus o'r cadeiriau barddol yn yr arddull Geltaidd oedd cadair Eisteddfod Genedlaethol Penbedw, 1917. Thema'r gadair a gomisiynwyd oedd 'y Cymro cyfoes yn anrhydeddu'r hen gelfyddyd Geltaidd [cyf.]' *(142)*. O fewn y cerfwaith arni amlygwyd croes Geltaidd dal, seirff, dreigiau, a chydblethiadau. Saif y gadair ar blinth; yr oedd yn un o'r cadeiriau mwyaf cain a phwerus yn yr arddull hon. Fe'i gwnaed gan Eugene van Fleteren, un o griw o ffoaduriaid o Mechelen, Gwlad Belg. Rhoddwyd y gadair gan David Evans, brodor o Fôn a symudodd i Lerpwl ym 1884 lle yr oedd yn adeiladwr amlwg, yn sylfaenydd ac yn ddiacon yn ei gapel ac yn ddiweddarach, yn siryf Môn.

Hedd Wyn (Ellis Humphrey Evans) oedd enillydd y gadair, 'Bardd y Bugail' o Drawsfynydd a oedd eisoes yn enillydd pum cadair farddol, y gyntaf yn y Bala pan oedd yn ugain oed. Daeth i amlygrwydd oherwydd iddo farw fis cyn yr Eisteddfod, ar faes y gad yn Fflandrys; pan gyhoeddwyd ef yn fuddugol, gorchuddiwyd y gadair â mantell ddu. O'r diwrnod hwnnw fe'i gelwid 'Y Gadair Ddu' neu 'Cadair Ddu Birkenhead'. Yr oedd y seremoni yn un emosiynol a daeth y gadair yn symbol o drychineb ac oferedd rhyfel ac o golled cenhedlaeth gyfan.

THE most well-known of the chairs in the Celtic fashion was made for the National held at Birkenhead in 1917. The commissioned chair was made on the theme of 'the present day Welshman honouring the former Celtic art' *(142)*. Featuring a tall Celtic cross, serpents, dragons and profuse interlacing, it stands on a plinth and was the most intricate and powerful of the chairs in this style. It was made by Eugene van Fleteren, one of a group of refugees from Mechelen in Belgium. The chair was donated by David Evans, who was born in Anglesey and moved to Liverpool in 1884, where he became a major builder, a founder and deacon of his chapel, and eventually held the office of sheriff of his native county.

The chair was won by Hedd Wyn (Ellis Humphrey Evans), the 'shepherd poet' of Trawsfynydd who had already won five bardic chairs, his first at Bala in 1907 at the age of twenty. It gained fame because the bard had died in battle in Flanders the month before the Eisteddfod; when he was announced the winner, the chair was covered in a shroud. It was henceforth known as '*Y Gadair Ddu*' (The Black Chair) or '*Cadair Ddu Birkenhead*'. The ceremony was an emotional occasion and the chair became a symbol of the tragedy and futility of war, the wanton waste of young lives.

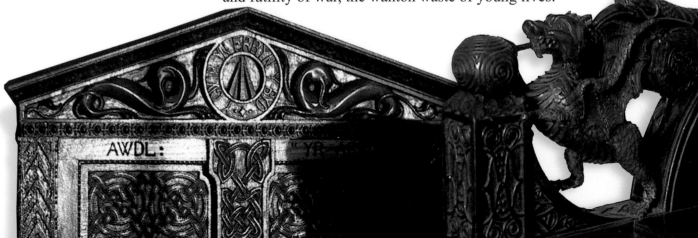

144 *Cadair Eisteddfod Dre-fach (Cwm Gwendraeth),*
1917.

Dre-fach (Gwendraeth Valley) Eisteddfod chair,
1917.

Dre-fach

Dre-fach

AETH y gadair a ddyfarnwyd yn Nre-fach, Cwm Gwendraeth ym 1917 i Dafydd Harris, arweinydd Côr Drefach a'r Cylch *(144)*. Mae perthynas iddo yn hel atgofion am y digwyddiad (cyf.):

Cynhaliwyd hi mewn pabell fawr mewn cae ac fel arfer byddai'n dechrau ganol dydd ar ddydd Sadwrn hyd oriau mân fore dydd Sul. F'ewythr oedd arweinydd y canu yng Nghapel Seion am flynyddoedd ac ef oedd yn paratoi'r cantorion ar gyfer y gymanfa ganu flynyddol gyda'r arweinydd gwadd. Roedd ei gôr yn cystadlu ym mhob eisteddfod yn yr ardal a thu hwnt, a weithiau byddai'r wobr yn faton, medal, cwpan arian a.y.b. ond fe enillodd rai cadeiriau hefyd. Dyma'r unig gadair sy'n edrych fel cadair farddol.

Yr oedd Dre-fach ar ffin orllewinol y maes glo a Seion, a ehangwyd ym 1814, oedd y capel hynaf a'r mwyaf yn yr ardal. Cofiai perthynas arall fod parlwr Dafydd yn llawn gwobrau, gyda chwpanau arian ar ddangos ar y ddresel, batonau mewn casys a thystysgrifau ar y waliau; rhannwyd y rhain rhwng prif aelodau'r côr wedi ei farwolaeth.

Mae'r gadair yn blaen ond o wneuthuriad da gyda cherfwaith cymen. Mae'n ymdebygu i'r math o gadeiriau traddodiadol a ddefnyddiwyd yn y cartref ac a barhaodd i gael eu cynhyrchu gan wneuthurwyr dodrefn mewn nifer o ardaloedd gwledig a threfol.

145 Yr arweinydd Dafydd Harris.

The conductor Dafydd Harris.

THE chair awarded at Dre-fach, in the Gwendraeth Valley, in 1917 went to Dafydd Harris, the conductor of the local Drefach and District Choir *(144)*. A relative recalls details of this annual event:

It was held in a marquee on a field and used to start midday on a Saturday and went on until the early hours of Sunday morning. My uncle was the conductor of singing in Capel Seion for many years and he prepared the choristers for the annual *cymanfa ganu* [singing festival] when there was a guest conductor. His choir competed in all the *eisteddfodau* in the area and further afield and sometimes the prize was a baton, a medal, a silver cup etc. but he did receive a few more chairs. This was the only one that looked like a bardic chair.

Dre-fach was on the western edge of the coalfield and Seion, enlarged in 1814, was the oldest and largest chapel in the district. Another relative remembers Dafydd's parlour as being filled with his prizes with the dresser containing silver cups and cased batons and the walls lined with certificates; these were distributed amongst core members of the choir after his death.

The chair is a plain but well-made and neatly carved example and akin to the traditional domestic chairs which were, even at this date, still being produced by furniture makers in many rural and urban districts.

146 Capel Seion, Dre-fach, Cwm Gwendraeth.

Capel Seion, Dre-fach, Gwendraeth Valley.

147 *Cadair Eisteddfod Glanaman,*
1918.

Glanaman Eisteddfod chair,
1918.

Glanaman 1918 Glanaman

Ym 1918 cyflwynwyd cadair ddramatig yn Eisteddfod Glanaman, a gynhaliwyd yng Nghapel Bryn Seion *(147)*. Mae'r gadair wedi ei pheintio'n ddu, efallai er cof am y rhai a gollwyd yn y rhyfel. Mae'r Tair Pluen yn y grib a draig wedi ei cherfio'n ddwfn ar y cefn, gyda'r breichiau yn gorffen ar ffurf pennau dreigiau.

Gwnaed y gadair gan Harry M Fuller o Lanaman, un o deulu o wneuthurwyr dodrefn o'r ardal, a disgynnydd i James Fuller, turniwr cadeiriau o sir Fynwy. Ymsefydlodd James yn ardal Llandeilo ym 1826 ac erbyn y 1880au, yr oedd teulu Fuller yn ddodrefnwyr tai sefydledig, a arbenigai ar wneud cadeiriau. Roeddent yn hysbysebu o dan yr enw '*South Wales Chair Manufactory*'.

Dyfarnwyd y gadair i'r bardd Alfa, a ddechreuodd ei yrfa yn löwr cyn mynd i'r weinidogaeth ac arwain Annibynwyr Hermon, Brynaman, o 1917 hyd ei farwolaeth ym 1931. Mae ffotograff sydd yn y capel hyd heddiw yn dangos Alfa yn eistedd yn y gadair gyda'i diaconiaid o'i gwmpas *(148)*.

In 1918 a striking chair was presented at the Glanaman Eisteddfod held at Capel Bryn Seion *(147)*. It is painted black, perhaps in memory of those that had fallen in the war, and bears the Three Feathers in the crest and a deeply carved dragon in the back, with arms terminating in dragons' heads.

The chair was made by Harry M Fuller of Glanaman, who was a member of a family of furniture makers in the area that were descended from James Fuller, a 'chair turner' from Monmouthshire. James settled in the Llandeilo district in 1826 and by the 1880s the Fullers were major house furnishers, with chair-making as their principal activity, advertising themselves as the 'South Wales Chair Manufactory'.

The winning poet was Alfa, who began life as a collier and joined the ministry, leading the Independents of Hermon, Brynaman, from 1917 until his death in 1931. A photograph still displayed at the chapel shows Alfa seated in this chair, surrounded by his deacons *(148)*.

148 Alfa gyda diaconiaid Hermon, Brynaman.

Alfa with the deacons of Hermon, Brynaman.

Designed by J. Kelt-Edwards
for the Donor;
The Lady Robertson of Pale.

And Carved by
Elias Davies
Bl. Festiniog.

THE BARDIC CHAIR.

149 Rhaglen Eisteddfod Genedlaethol
Corwen, 1919.

Programme for the National Eisteddfod,
Corwen, 1919.

150 J Kelt Edwards ac Elias Davies gyda
chadair Eisteddfod Genedlaethol
Corwen, 1919.

J Kelt Edwards and Elias Davies with
the National Eisteddfod chair,
Corwen, 1919.

ARDDULL debyg i gadeiriau'r 1890au a welwyd yng Nghadair Eisteddfod Genedlaethol Corwen, ym 1919. Roedd iddi grib uchel, addurniadol, gyda draig ddramatig uwchben panel cefn wedi ei gerfio â cholomen heddwch a'r geiriau 'Blwyddyn Heddwch' *(149)*. Yr oedd y breichiau trymion yn ffurfio pennau geifr a'r coesau blaen-wynebog yn cynnwys cennin pedr. Cafwyd peth ildio i'r adfywiad Celtaidd yn yr ymblethiadau a ailadroddwyd ar rannau o'r fframwaith. Dyluniwyd y gadair gan yr artist John Edwards, neu Kelt fel y galwai ef ei hun, ac fe'i gwnaed gan ei gefnder, Elias Davies o Flaenau Ffestiniog *(150)*.

Roedd gan Kelt Edwards gysylltiad hir â'r mudiad Eisteddfodol a dyluniodd cadair debyg, ond symlach, gyda chefn lledr (yn cynnwys draig foglynnog) ar gyfer Eisteddfod Pont-y-pŵl ym 1924 *(151)*. Gwnaed y gadair hon gan gwmni dodrefn lleol, y *County Furnishing Company*, a roddodd dudalen gyfan o hysbyseb yn rhaglen yr Eisteddfod y flwyddyn honno.

151 Rhaglen Eisteddfod Genedlaethol Pont-y-pŵl, 1924.

Programme for the National Eisteddfod, Pontypool, 1924.

THE Corwen National chair of 1919 was in the style that was popular in the 1890s, with a high decorated crest rail with a dramatic dragon above a back panel carved with the dove of peace, with the phrase '*Blwyddyn Heddwch*' (Year of Peace) *(149)*. The heavy arms were fronted by goats' heads and the faceted front legs featured daffodils. There was some concession to the Celtic revival in the repetitive interlace in the incidental parts of the framework. It was designed by the artist John Edwards, who had adopted the forename Kelt, and made by his cousin, Elias Davies of Blaenau Ffestiniog *(150)*.

Kelt Edwards had a long association with the Eisteddfod movement, and designed a similar but simpler chair, with a leather back (featuring an embossed dragon) and seat, for Pontypool in 1924 *(151)*. This was made by a local manufacturing firm, the County Furnishing Company, who took a full-page advertisement in the Eisteddfod programme in that year.

152 *Rhaglen Eisteddfod Genedlaethol y Barri, 1920.*

Programme for the National Eisteddfod, Barry, 1920.

Y Barri 1920 Barry

DIM ond dau a ymgeisiodd yn y gystadleuaeth i greu cadair farddol dderw, o ddyluniad Celtaidd yn Eisteddfod Genedlaethol y Barri, 1920. Beirniad y gystadleuaeth oedd Isaac Williams, Ceidwad cyntaf yr Adran Gelf yn yr Amgueddfa Genedlaethol. Llew Hughes o Lundain oedd yn fuddugol am ddylunio a cherfio'r gadair, a oedd yn rhodd gan yr Uwchgapten David Davies AS, Llywydd yr Eisteddfod *(152)*. Ond yn anffodus, ni ddyfarnwyd y gadair. Roedd yn ymdebygu i gadeiriau Llangollen 1908 a Phenbedw 1917 gyda mwy o amrywiaeth yn yr addurn. Yn rhaglen yr Eisteddfod ceir esboniad o arwyddocâd y cerfiadau yng ngeiriau'r crefftwr ei hun (cyf.):

> Gwnaed defnydd rhydd o'r Arwyddeiriau, sy'n dilyn trefn o amgylch y sedd. Ar yr ochr chwith 'Gwell Dysg na Golud', ar y blaen 'Gwell Awen na Dysg', ac ar yr ochr dde 'Gwell Duw na Dim'. Ar gyfer y panel cefn fe ddewisais y chwedl adnabyddus o'r Dreigiau'n ymladd yn y llyn, a'r ymadrodd 'Y Ddraig Goch ddyry Cychwyn' yn ffurfio bwa uwchben, a'r brenin ar y maen yn gwylio'r frwydr. Oddi tano mae pancl â chynllun cenhincn pedr.
>
> Ar y panel crwn i'r chwith o dan y sedd, mae dyn cerfiedig yn canu'r 'Crwth' gyda dreigiau yn chwythu tân a'r ymadrodd 'Trech Gwlad nag Arglwydd' (arwyddair Morgannwg) yn ffurfio'r ymyl. Ar y panel crwn i'r dde mae arwyddair yr Orsedd, 'Y Gwir yn erbyn y Byd'.
>
> Mae'r pyst breichiau wedi eu coroni â phennau confensiynol Trasiedi a Chomedi – yn cynrychioli'r Ddrama. Mae'r rhain o ledr clustogog er esmwythdra i'r breichiau.
>
> Ar y grib mae'r hoff arwyddair 'Calon wrth Galon' gyda chalonnau'n ymblethu fel addurn, a physt lledr i gyd-fynd â'r glustog. Mae troedfainc wedi ei gosod ychydig fodfeddi o'r llawr. Mae'r paneli, yr addurniadau a'r llythrennu oll yn yr arddull Geltaidd.

THERE were two entrants for 'Bardic Chair in oak; Celtic design' at Barry in 1920, adjudicated by Isaac Williams, the first Keeper of the Art Department at the National Museum. The winning chair was designed and carved by Llew Hughes of London and donated by Major David Davies MP, the President of the Eisteddfod *(152)*. Unfortunately, it was not awarded. It was similar in some respects to those of Llangollen in 1908 and Birkenhead in 1917 but with a greater variety of ornament, the meaning of which was explained by the craftsman in the Eisteddfod programme:

> A very free use is made of Mottoes, a sequence of which follow one another round the seat. On the left-hand side '*Gwell Dysg na Golud*', on the front '*Gwell Awen na Dysg*', and on the right-hand side '*Gwell Duw na Dim*'. For the chief back panel I have chosen the well known legend of the Dragons fighting in the lake, the phrase '*Y Ddraig Goch ddyry Cychwyn*' forming an arch above, and the king on the keystone watching the fight. Beneath is a daffodil design panel.
>
> On the left side circular panel beneath the seat, is carved a man playing the 'Crwth' with dragons emitting fire around, and the phrase '*Trech Gwlad nag Arglwydd*' (the motto of Glamorgan) forming a border. On the right side circular panel is the Gorsedd Motto '*Y Gwir yn erbyn y Byd*'.
>
> The two armposts are crowned with conventional heads – Tragedy and Comedy – representing the Drama. These are leather padded to afford comfort for the arms.
>
> On the headpiece surmounting the whole chair is the favourite motto '*Calon wrth Galon*', with hearts entwined for ornament, and posts leather-covered to match the cushion. A foot-rest is placed a few inches from the ground. The panels, the ornaments, and the lettering are all treated in the Celtic style.

153 Rhaglen Eisteddfod Genedlaethol
Caernarfon, 1921.

Programme for the National Eisteddfod,
Caernarfon, 1921.

154 Rhaglen Eisteddfod Genedlaethol
Pwllheli, 1925.

Programme for the National Eisteddfod,
Pwllheli, 1925.

CADAIR YR EISTEDDFOD.
Rhoddedig gan Mr. Richard Elias, Llundain.

Caernarfon  Caernarfon

ROEDD cyfnod y Celtiaid yn blaenori unrhyw dystiolaeth o gadeiriau yng ngogledd a gorllewin Ewrop. Gwelwyd felly bod dylunwyr cadeiriau ar y thema Geltaidd wedi mynd ati i gyfuno ffurfiau hynafol, gan wrthod yr arddull Glasurol ac arddull y Dadeni; hynny yw, creu dodrefnyn a oedd y tu allan i gonfensiwn dylunio dodrefn. Mewn sawl achos nid oedd y syniad yn cynnwys dim mwy na'r math o addurn ymylol a welwyd ar gofgolofnau cerrig o'r Cyfnod Cristnogol Cynnar. Dyma a welwyd yn achos cadair Eisteddfod Genedlaethol Caernarfon, 1921 *(153)*.

Dyluniwyd y gadair gan John Evans, fforman i gwmni dodrefn *Maple & Co.*, Llundain a brodor o Gaernarfon. Rhoddwyd gwerth o £55 arni, a oedd yn llawer uwch nag arfer. Amlygir y cyfuniad dylanwadau wrth lunio cadair 'Geltaidd' yn y disgrifiad o'r gadair yn rhaglen yr Eisteddfod (cyf.): 'Gwnaed yn yr arddull Glasurol gydag Emblemau Derwyddol wedi eu cerfio yn ôl y cyfnod Celtaidd – y ffris gydag Arfbais Caernarfon 1430, o dan warchodaeth Draig Goch Cymru; y Terfyniadau ar y cefn yn dangos y Goron a Phlu Tywysog Cymru, oll wedi eu cerfio o bren.'

Lluniwyd cadair debyg iawn ar gyfer y brifwyl ym Mhwllheli ym 1925 *(154)*. Roedd yn rhodd gan Richard Elias o Lundain, felly mae'n bur debyg mai cynnyrch *Maple & Co.* ydoedd hefyd. Enillydd y gadair oedd Dewi Teifi (Dewi Morgan) (ffrind i T Gwynn Jones), a enillodd ei gadair gyntaf yn ddwy ar hugain oed ac a ddangosodd arweiniad ac anogaeth i'r genhedlaeth nesaf o feirdd llwyddiannus.

THE Celtic era pre-dates evidence of the existence of chairs of any sort in northern and western Europe. Designers pursuing the Celtic theme therefore mixed various ancient forms, perhaps seeking something which was non-Classical or at least non-Renaissance, that is, outside of the mainstream of furniture design. In many instances the idea referred merely to the peripheral ornament of the sort seen on documented Early Christian stone monuments. This was apparently the case with the chair made for the Caernarfon National in 1921 *(153)*.

It was designed by John Evans, foreman of Maple & Co. of London and a native of Caernarfon. Its value was set at £55, far higher than the previous norm. The fusion of influences involved in creating a 'Celtic' chair is evident in a description of the chair in the Eisteddfod programme: 'Made in the Classical style with Druidical Emblems carved after the Celtic period – the frieze with the Arms of Carnarvon, 1430, guarded by the Red Dragon of Wales; the Finials of the back styles [*sic*] having the Crown and Prince of Wales Feathers all carved out of the solid wood.'

A similar chair was made for the National held at Pwllheli in 1925 *(154)*. Donated by Richard Elias of London, it may also have been made at Maple & Co. The winner was Dewi Teifi (Dewi Morgan) (a friend of T Gwynn Jones), who won his first chair at the age of twenty-two and provided leadership and encouragement to the next generation of successful poets.

155 *Cadair Eisteddfod y Wladfa,*
    Trelew, 1921.

Patagonia Eisteddfod chair,
Trelew, 1921.

156 *Seremoni cadeirio yn y Gaiman,*
    tua 1910.

Chairing ceremony at Gaiman,
circa 1910.

Y Wladfa 1921 Patagonia

O holl eisteddfodau'r Cymry alltud, y rhai a gynhaliwyd yn ardaloedd Cymraeg y Wladfa, yn yr Ariannin a ymdebygai fwyaf i'r rhai yng Nghymru. Mae'r ŵyl wedi chwarae rhan bwysig yng nghalendr blynyddol y gymdeithas Gymraeg ers ei sefydlu ar ddiwedd y bedwaredd ganrif ar bymtheg.

Ni wyddys union ddyddiad yr eisteddfod gyntaf yn y Wladfa ond erbyn 1881 yr oedd yr ŵyl wedi ei sefydlu, ac mewn llythyr o Gymru rhoddwyd caniatâd swyddogol i Orsedd y Wladfa gynnal seremonïau. Ond erbyn y 1920au, ni chynhelid seremonïau Gorseddol, er bod y cadeirio a'r coroni yn parhau yn rhan annatod o'r digwyddiadau. Yn ogystal â'r brif Eisteddfod Gadeiriol, cafwyd eisteddfodau llai megis Eisteddfod y Plant a gynhaliwyd yn y Gaiman ym 1924, ac yng nghymunedau Cwm Hyfryd, yr Andes, yn Nhrevelin.

Roedd y gadair a gynhyrchwyd ar gyfer y brif ŵyl ym 1921, a gynhaliwyd yn Nhrelew, o batrwm nodweddiadol i'r cyfnod. Roedd yn cynnwys draig, y Nod Cyfrin (wedi ei amlygu mewn gwyn) ac arwyddair yr Orsedd ar y grib, ac 'Eisteddfod Gadeiriol y Wladfa 1921' o fewn garlant ar y panel cefn *(155)*. Mae'n amlwg bod cysylltiad agos gyda'r traddodiad yng Nghymru yn y cyfnod yma. Y bardd buddugol y flwyddyn honno am gyfansoddi cerdd ar y mesur rhydd oedd Prysor (William Williams). Roedd yn hanu o Drawsfynydd yn wreiddiol ac yr oedd yn ffrind i'r bardd Hedd Wyn cyn iddo ymfudo ym 1911.

OF all the expatriate *eisteddfodau*, those held in the Welsh-speaking settlements of Patagonia (*Y Wladfa*) in Argentina perhaps came closest to mirroring the precursors in Wales. The festival has formed part of the calendar of the 'Welsh colony' since its inception in the late-19th century.

The exact date of the first eisteddfod there is not known, but by 1881 the festival was established and the Patagonian Gorsedd was given official permission by letter from Wales to perform ceremonies. However, it seems that Gorsedd ceremonies were not being held by the 1920s, even though the chairing and crowning were still an integral part of the proceedings. As well as the main Chair Eisteddfod, other smaller localized *eisteddfodau* were also held, complete with chairing ceremonies, such as the Children's Eisteddfod in Gaiman in 1924 and in the Welsh Andean community at Trevelin.

The chair produced for the main event held in Trelew in 1921 is of a standard design for the period, with a dragon, Mystic Mark (emphasized in white) and Gorsedd motto on the crest rail, and '*Eisteddfod Gadeiriol y Wladfa 1921*' within a garland in the back panel *(155)*. There was clearly a close connection with the practice in Wales at this date. It was won by Prysor (William Williams), for composing a poem in free-metre. He was originally from Trawsfynydd and a friend of the poet Hedd Wyn, before emigrating in 1911.

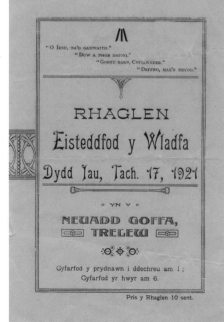

157 *Rhaglen Eisteddfod y Wladfa, 1921.*

Programme for the Patagonia Eisteddfod, 1921.

158 *Cadair Eisteddfod y Myfyrwyr,*
Aberystwyth, 1921.

Students' Eisteddfod chair,
Aberystwyth, 1921.

Aberystwyth  Aberystwyth

Yn wahanol i gadeiriau eithafol y Genedlaethol, yr oedd cadeiriau barddol yr eisteddfodau lleol yn parhau yn enghreifftiau syml ond sylweddol, yn arddull yr ail ganrif ar bymtheg. Dyma'r math o gadair a enillodd Iorwerth C Peate, y gyntaf o dair yn olynol, yn yr eisteddfod ryng-golegol deithiol yn Aberystwyth ym 1921 (158). Mae'r panel uchaf yn cynnwys tarian gerfiedig gyda chenhinen bob ochr i lyfr agored ac arwyddair Coleg Prifysgol Cymru Aberystwyth: 'Nid Byd Byd Heb Wybodaeth'.

Ceir enw Emile de Vynck wedi ei gerfio ar gefn y gadair. Un o griw o ffoaduriaid o Wlad Belg a ddaeth i Gricieth ym 1914, gan dderbyn lloches gan Lloyd George, oedd ef. Yn ogystal â chadeiriau eraill, comisiynwyd de Vynck i gynhyrchu gwaith pren i deuluoedd bonheddig yr ardal, cyn dychwelyd i'w famwlad ym 1924.

Cafwyd enghraifft debyg i hon, ond wedi ei cherfio â draig ar ei chefn a'r arwyddair 'Cymru am Byth' a ddyfarnwyd yng Nghapel Nazareth, Abertridwr, yn yr un flwyddyn (159).

THE standard chair at local level seemed immune to National extravagances and had become the relatively plain but substantial 17th-century style of panelled armchair. In 1921, the first of three won in consecutive years by Iorwerth C Peate at the peripatetic inter-college students' eisteddfod held that year in Aberystwyth was in this style (158). The upper panel has a carved shield with leeks flanking an open book giving the motto of University College of Wales Aberystwyth: 'Nid Byd Byd Heb Wybodaeth' (A World Without Knowledge is No World at All).

It bears the inscription of Emile de Vynck, one of a group of Belgian refugees who came to Cricieth in 1914, finding shelter arranged by Lloyd George. Besides other bardic chairs, he was commissioned to produce woodwork for gentry families in the area, eventually returning to the Continent in 1924.

A similar chair, but carved with a large dragon and the patriotic motto 'Cymru am Byth' (Wales Forever), was awarded at Nazareth Chapel in Abertridwr in the same year (159).

159 Cadair Eisteddfod Nazareth (Abertridwr), 1921.

Nazareth (Abertridwr) Eisteddfod chair, 1921.

160 Cadair finiatur a choron arian a ddyfarnwyd yn Eisteddfod Penbedw ym 1922 a 1931.

Miniature silver chair and crown awarded at the Birkenhead Eisteddfod in 1922 and 1931 respectively.

Penbedw  1922 *Birkenhead*

DYFARNWYD cadair finiatur ddiddorol mewn eisteddfod leol ym Mhenbedw ym 1922 *(160)*. Mae arni elfennau sy'n nodweddiadol o gyfnod yr unfed ganrif ar bymtheg, gydag eryr yn amlwg ar ei chrib. Dyma un o emblemau teulu'r Mostyniaid, drwy briodas â Wynniaid Gwydir, ac mae'n hanu o frenin o'r ddeuddegfed ganrif, Owain Gwynedd. Mae'n bosib fod y gadair yn seiliedig ar gadair wreiddiol a oedd yn wybyddus yn y cyfnod, gan ei bod yn adleisio'r traddodiad Tuduraidd o roi miniatur neu docyn yn wobr. Y bardd buddugol oedd Joseph Parry a enillodd y goron ym Mhenbedw ym 1931.

Roedd y gadair Genedlaethol a gyflwynwyd yn Eisteddfod Rhydaman, 1922 yn bwrw'n ôl at droad y ganrif *(161)*. Fe'i dyluniwyd a'i gwneud o dderw sir Gaerfyrddin gan saer dodrefn lleol, Rees Jones, a'i chyflwynodd i'r Eisteddfod yn rhodd.

Yn gyferbyniad i hyn, yn eisteddfod Llangynin, cyflwynwyd cadair syml, ddiaddurn a oedd yn gwbl nodweddiadol o'r eisteddfodau lleol *(162)*. Yr oedd yn cynnwys nodweddion o'r arddull *Art Nouveau*, a'r unig addurn oedd y Tair Pluen dau ddimensiwn ac ysgythriad blodeuog chwyrlïol.

161 Rhaglen Eisteddfod Genedlaethol Rhydaman, 1922.

Programme for the National Eisteddfod, Ammanford, 1922.

AN intriguing miniature silver chair was the prize at the eisteddfod held at Birkenhead in 1922 *(160)*. It has 16th-century stylistic features, with a prominent eagle on the crest. This was one of the Mostyn family emblems, from a marriage to the Wynns of Gwydir, and derived from the 12th-century king, Owain Gwynedd. Possibly based on an original known at the time, it appears to recall the miniatures or tokens awarded in the Tudor period. The victor, Joseph Parry, won the crown at Birkenhead in 1931.

The chair awarded at the National held in Ammanford in 1922 harked back to the turn of the century *(161)*. It was designed and made of Carmarthenshire oak by a local furniture maker, Rees Jones, who presented it to the Eisteddfod.

In contrast, a relatively unadorned, almost domestic, chair of the type given in many local events was awarded at a local eisteddfod in Llangynin *(162)*. With vaguely Art Nouveau styling, its only motifs were a two-dimensional Three Feathers and a scratched floral swirl.

162 Cadair Eisteddfod Llangynin, 1922.

Llangynin Eisteddfod chair, 1922.

P
ENNOD PUMP

1923-1942

CHAPTER FIVE

1923-1942

163 *Cadair Eisteddfod y Myfyrwyr, Aberystwyth, 1923.*

Students' Eisteddfod chair, Aberystwyth, 1923.

Aberystwyth  1923 Aberystwyth

Yr oedd yr eisteddfod ryng-golegol a gynhaliwyd yn Aberystwyth ym 1923 yn un o nifer o eisteddfodau a drefnwyd gan gymunedau arbennig. Gwnaed y gadair ar gyfer yr achlysur y flwyddyn honno gan Gwmni Dodrefnu Pontypridd (*Pontypridd Furnishing Company*, perchnogion y *County Furnishing Company*, Pont-y-pŵl) *(163)*. Hysbysebai'r cwmni ei falchder mewn traddodiad, a'u bod yn '*Master Craftsmen since 1887*' yn ogystal â bod yn rhan o'r byd modern, sef '*The Firm with the Factory*'. Yr oedd y gadair o ddyluniad clasurol yr unfed a'r ail ganrif ar bymtheg, er ychydig yn anghytbwys ei golwg. Efallai mai'r bwriad oedd creu cadair syml, o waith crefft traddodiadol, yn ysbryd y mudiad Celfyddyd a Chrefft. Bu'n ddyluniad llwyddiannus i'r cwmni a gyflenwai cadeiriau tebyg i'r cymunedau glofaol, lle roeddent yn gwmni amlwg. Roedd y cadeiriau barddol a gynhyrchwyd ganddynt weithiau'n cynnwys y Nod Cyfrin a'r ddraig fel a welwyd ar gadeiriau Eisteddfodau Cenedlaethol 1889 a 1907. Dyfarnwyd o leiaf dwy enghraifft o'r fath i Alaw Morris (Evan Thomas) o Ferthyr Tudful ym 1927 *(164)*.

Enillydd cadair Aberystwyth oedd Iorwerth Peate. Yr oedd ef yn bryderus ac yn feirniadol am ddrwgeffeithiau diwydianeiddio a ganddo syniad rhamantus am wir grefftwaith Cymreig a gynrychiolai, yn ei dyb ef, wir brydferthwch drwy symlrwydd ac ymarferoldeb. Nid oedd yn hoff o addurn rhwysgfawr mewn pensaernïaeth na dodrefn ac ym 1929 beirniadodd 'y cadeiriau derw hynny sydd wedi eu cerfio'n fanwl mewn modd sy'n dangos colled traddodiad brodorol a'r syniad o gelfyddyd [cyf.]'.

THE inter-college eisteddfod held in 1923 at Aberystwyth was one of the numerous contests organized by specific communities. That year the chair was made by the Pontypridd Furnishing Company (owners of the County Furnishing Company of Pontypool) *(163)*. They advertised on their labels and billheads the traditional virtue of having been 'Master Craftsmen since 1887' and the modern virtue of being 'The Firm with the Factory'. The chair was of the classic design derived from the 16th and 17th centuries, although rather weak in proportions and perhaps aspiring to the Arts and Crafts ideal of a plain and traditional craft-made product. It was a successful model for this firm and they supplied almost identical chairs to the coalfield communities, where they were a major furniture supplier. Those intended for poets sometimes incorporated the Mystic Mark and portrayed the dragon in the form seen on the National chairs of 1889 and 1907. At least two such examples were won by Alaw Morlais (Evan Thomas) of Merthyr Tydfil in 1927 *(164)*.

The Aberystwyth chair was won by Iorwerth Peate, who was much concerned with what he saw as the evils of industrialization and held a romanticized view of true Welsh craftsmanship as representing the ideal of beauty through simplicity and functionality. He disliked ostentatious ornament, whether in chapel architecture or furniture, and in 1929 criticized 'the oak chairs which in many instances are elaborately carved in a manner which reveals the loss of native tradition and sense of artistry'.

*164 Cadair Eisteddfod y Maerdy, 1927.
Enillwyd gan Alaw Morlais.*

*Maerdy Eisteddfod chair, 1927.
Won by Alaw Morlais.*

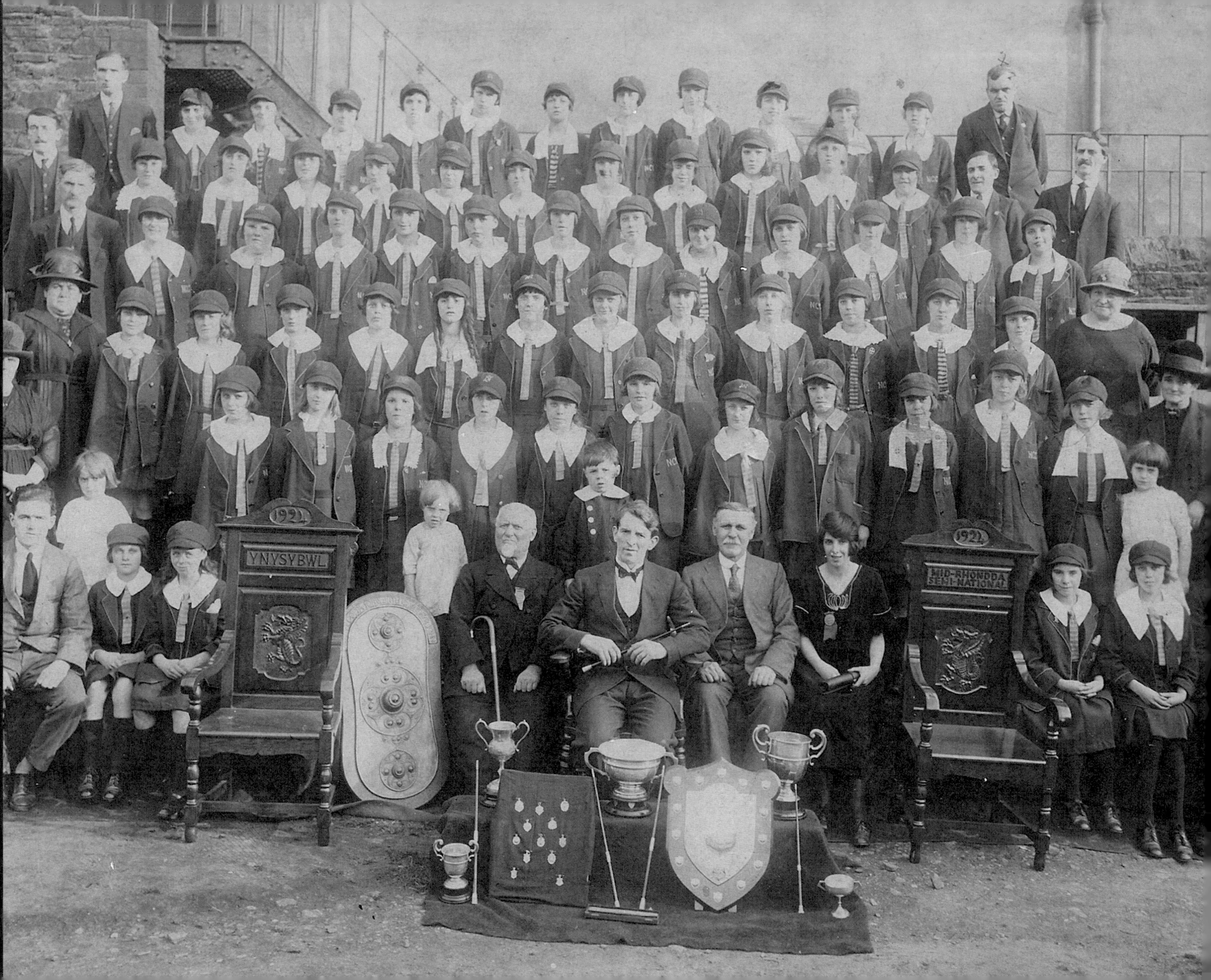

1924
YNYSYBWL
1924
MID-RHONDDA
SEMI-NATIONAL

CWMNI Dodrefnu Pontypridd fu hefyd yn gyfrifol am ddarparu cadeiriau ar gyfer y gystadleuaeth gorawl yn eisteddfod Led-Genedlaethol y Rhondda ac yn eisteddfod Ynys-y-bŵl ym 1924. Aeth y ddwy gadair i'r Côr Ieuenctid Coch, Gwyn a Glas, côr o 65 o blant o Nant-y-moel ym mhen draw'r cwm gorllewinol cyfagos *(165)*. Yr oeddent yn un o brif gorau Cymru ar y pryd, a oedd wedi ennill cystadlaethau ar hyd a lled y wlad, gan gynnwys o leiaf pedair gwobr gyntaf yn y Genedlaethol. Yn ogystal â chadeiriau, derbyniodd y côr fedalau, cwpanau a batonau yn wobrau a tharian odidog ar gynllun Celtaidd am eu perfformiad o 'Ganeuon Gwerin Cenedlaethol'. Gellir honni bod grwpiau o'r fath, a'r digwyddiadau lleol yr oeddent yn rhan ohonynt, yn llawer pwysicach i drwch y boblogaeth na'r cystadlaethau am farddoniaeth gaeth a fynychwyd gan bregethwyr yn rhanbarthol a chenedlaethol. Yr oedd canu corawl a gweithgareddau cymdeithasol eraill yn rhan ganolog o fywyd y cymunedau diwydiannol, a daethant yn fwyfwy arwyddocaol yng nghyfnod y dirwasgiad rhwng y rhyfeloedd.

THE chairs supplied to the Mid-Rhondda Semi-National and to Ynys-y-bŵl in the same district in 1924 were also produced by the Pontypridd Furnishing Company, for presentation to the conductor of the winning choirs. Both were won by the sixty-five-strong Red, White and Blue Juvenile Choir, a children's choir from Nant-y-moel at the head of the adjoining valley to the west *(165)*. They were one of the foremost choral societies in Wales at the time and won competitions throughout the country, including at least four first prizes at Nationals. Besides chairs they were awarded medals, cups, batons and a magnificent Celtic-design shield – the last for 'National Folk Songs'. In this period, such organizations and the local events in which they participated were of greater importance to much of the population than the strict-metre poetic contests, dominated by ministers, which were held at regional and national levels. Choral singing and other communal activities were central to the life of industrial communities, and assumed even greater significance in the depression of the inter-war years.

165 *Côr Ieuenctid Coch, Gwyn a Glas,*
   o Nant-y-moel, tua 1924.

   The Red, White and Blue Juvenile Choir
   of Nant-y-moel, circa 1924.

166 *Cadair Eisteddfod Langland Home*
   (Merthyr Tudful), 1925.
   Gwnaed gan Gwmni Dodrefnu Pontypridd.

   Langland Home (Merthyr Tydfil)
   Eisteddfod chair, 1925.
   Made by the Pontypridd Furnishing Company.

167 *Gwenallt yn eistedd yn y gadair a enillodd yn Eisteddfod Genedlaethol Abertawe, 1926.*

Gwenallt seated in the chair he won at the National Eisteddfod, Swansea, 1926.

168 *Poster ar gyfer Eisteddfod Genedlaethol Abertawe, 1926.*

Poster for the National Eisteddfod, Swansea, 1926.

169 *Seremoni gadeirio Eisteddfod Genedlaethol Abertawe, 1926.*

Chairing ceremony at the National Eisteddfod, Swansea, 1926.

1923-1942

Abertawe 1926 Swansea

Arweiniodd y caledi economaidd at donnau o fudo pellach i'r Amerig a'r dominiynau gan greu ethos o edrych tuag allan gartref yng Nghymru. Byddai'r ymfudwyr yn dueddol o ymgartrefu yn yr un ardaloedd, gan gadw cysylltiadau â'r famwlad trwy gymdeithasau a chyfnodolion Cymreig. Yn ogystal â chynnal eu heisteddfodau eu hunain, cyfrannodd nifer at eisteddfodau yng Nghymru.

Ym 1926, noddodd Cymdeithas Gymraeg Shanghai gadair yr Eisteddfod Genedlaethol yn Abertawe. Gwnaed hon gan grefftwyr Tsieineaidd o goed tîc ac mewn darnau ar gyfer ei chludo'n hawdd a'i chyfosod ar ôl cyrraedd pen y daith *(167)*. Y bardd buddugol oedd Gwenallt (David James Jones), a enillodd eto ym Mangor ym 1931. Roedd yn fab i weithiwr tunplat yng Nghwm Tawe, ac aeth ymlaen i fod yn ddarlithydd ac yn fardd o bwys cenedlaethol.

Ymdrechwyd hefyd i wella ysblander y trefniadau. Ym 1918, yng Nghastell-nedd, nododd ymwelydd o Sbaen yn *The Welsh Outlook* (cyf.): 'Dyma basiantri'r Eglwys yn y Parc. Onid yr Archdderwydd yw'r Pab; y Derwyddon yw ei Gardinaliaid, a beth yw'r Orsedd ond yr Offeren?'. Yr oedd wedi ei siomi gan y gwisgoedd a'r seremoni. Fodd bynnag, roedd seremoni cyhoeddi a gorymdaith Abertawe ym 1925 yn fwy urddasol mae'n debyg. Teithiodd yr Arwyddfardd ar gefn ceffyl a rhesi o aelodau'r Orsedd mewn gwisgoedd a ddyluniwyd gan 'Mam o Nedd' (Winifred Coombe Tennant), Meistres y Gwisgoedd, a orymdeithiodd gyda'r faner ar y blaen. Yr oedd hi'n rhan o'r sefydliad Rhyddfrydol a chafodd ei denu gan ddefodau'r Eglwys Babyddol gan ddwyn i gof mewn traethawd iddi 'wylio'r seremonïau mawr crefyddol a gwladol yn yr Eidal, Ffrainc a Sbaen. Yr oeddwn yn ymwybodol mor wefreiddiol oedd pasiantri a fynegai draddodiad a delfryd ysbrydol [cyf.].'

Difficult economic times stimulated further waves of emigration to both America and the dominions and this was allied to an outward-looking ethos at home. Expatriates often settled in the same localities, like all emigrants, and retained links with the homeland through Welsh societies and periodicals. As well as holding their own *eisteddfodau*, many participated in events in Wales.

In 1926 the Shanghai Welsh Society sponsored the chair for the National held in Swansea. It was made in teak by Chinese craftsmen and was dismantled for safe transport and re-assembled on arrival *(167)*. The victor was Gwenallt (David James Jones), who won again at Bangor in 1931. The son of a tinplate worker in the Swansea Valley, he became a lecturer and poet of national significance.

Efforts to improve the splendour of the proceedings continued. In 1918 a Spanish visitor at Neath observed in *The Welsh Outlook* that 'Here is Church pageantry in the Park. For what is the Archdruid but a Pope; what are the Druids but his Cardinals, and what is the Gorsedd but a High Mass?'. He had been unimpressed by the costumes and ceremony. However, the Swansea proclamation ceremony and procession of 1925 was apparently more dignified. It featured the Herald Bard on horseback and columns of Gorsedd members in attire designed by '*Mam o Nedd*' (Winifred Coombe Tennant), the Mistress of the Robes, who marched in front of the banner. She was part of the Liberal establishment and very attracted to Roman Catholic rites, recalling in an essay that 'I had watched the great religious and civic ceremonies in Italy, France and Spain. I knew how moving pageantry which expressed a tradition and a spiritual ideal could be.'

170 *Cadair Eisteddfod Ynys Môn,*
Llanfair Pwllgwyngyll, 1926.

Anglesey Eisteddfod chair,
Llanfair Pwllgwyngyll, 1926.

MAE'N bosibl bod cadair Eisteddfod Môn, 1926 a gynhaliwyd yn Llanfair Pwllgwyngyll yn ymateb uniongyrchol i'r gadair eithafol, Tsieineaidd a wnaed i'r Genedlaethol, er efallai na fu digon o amser i hynny *(170)*. Dyluniwyd y gadair fel y gadair eisteddfodol ddelfrydol gan yr ysgolhaig a'r bardd, Syr John Morris-Jones (a oedd yn hanu o'r pentref). Cafodd John Morris-Jones gryn ddylanwad ar lenyddiaeth Gymraeg a'r mudiad Eisteddfodol, a gyda'i bwyslais ar gywirdeb, ef oedd un o'r cyntaf i amau dilysrwydd yr Orsedd a'i gweithgaredd.

Roedd dyluniad ei gadair yn ymdrech i gefnu ar yr arddull Gothig eithafol, lawn symbolaeth, a'r arddull Geltaidd fympwyol gan ddychwelyd at gadeiriau syml, traddodiadol. Canlyniad hyn oedd cadair o fath Elisabethaidd, yn cynnwys rhifau Rhufeinig a oedd, o bosib, yn ymdrech i bontio â'r cyfnod Tuduraidd ac eisteddfodau Caerwys. Mewn gwirionedd, roedd yn debyg i enghreifftiau eraill a gynhyrchwyd, yn cynnwys cadeiriau Cwmni Dodrefnu Pontypridd, er efallai yn fwy cymesur. Nid oedd yn ffurf benodol Gymreig, ond mae'n bosib bod y gadair yn efelychu cadair wreiddiol, gyda chrib fwy i ganiatáu digon o le ar gyfer manylion y digwyddiad.

Enillydd y gadair oedd Trefin (Edgar Phillips) a enillodd yn y Genedlaethol ym 1933 ac a aeth ymlaen i fod yn aelod blaenllaw o'r Orsedd, gan wasanaethu fel Ceidwad y Cledd o 1947 hyd 1960 ac Archdderwydd o 1960 i 1962.

WERE it not made so closely in time, the chair for the Anglesey Eisteddfod held in 1926 at Llanfair Pwllgwyngyll might be seen as a direct reaction to the elaborate Chinese chair made for the National *(170)*. It was designed by the eminent scholar and poet Sir John Morris-Jones (who was brought up in the village) and recommended by him as the ideal bardic chair. He was a great influence on both Welsh literature and the Eisteddfod movement, much concerned with correctness, and was one of the first to doubt the authenticity of the Gorsedd and its practices.

The design was an attempt to get away from the extravagant Gothic style full of symbolism and the fanciful Celtic style, and to return to more austere and traditional chairs. The result was what was viewed as the classic Elizabethan type, complete with Roman numerals, and this may have reflected a wish to show continuity from the events at Caerwys in the Tudor period. It was actually very similar to others already produced, including those by the Pontypridd Furnishing Company, but perhaps more accurate in proportions. This was not a specifically Welsh style although this example has the appearance of having been copied from an authentic model, perhaps with a larger arched crest (which featured the Anglesey coat of arms) to allow for details of the event.

The chair was won by Trefin (Edgar Phillips) who won the National in 1933 and became a prominent member of the Gorsedd, serving as Keeper of the Great Sword from 1947 to 1960 and as Archdruid from 1960 to 1962.

171 *Cadair Eisteddfod Siloa (Aberdâr),*
1926.

Siloa (Aberdare) Eisteddfod chair,
1926.

Siloa, Aberdâr

Siloa, Aberdare

ROEDD y gadair a gyflwynwyd yng Nghapel Siloa, Aberdâr hefyd yn gyferbyniad llwyr i gadair y brifwyl y flwyddyn honno *(171)*. Dyma eisteddfod flynyddol gyntaf Cymdeithas Ieuenctid Siloa ac yr oedd dwy brif gystadleuaeth: y gyntaf ar gyfer corau cymysg gyda gwobr o £10 a baton, yr ail i'r corau meibion gyda gwobr o £10 a chadair. Yr oedd yn enghraifft fawr, blaen wedi ei haddurno â phlac yn unig, ac o bosib yn gadair o weithle yn wreiddiol. Fe'i henillwyd gan Barti Meibion Unedig Cwm-bach, a chyflwynwyd y gadair i'r arweinydd, Herbert Davies. Dyma flwyddyn streic y Glowyr a'r Streic Fawr a barlysodd dde Cymru, a cherddodd y côr dros y mynydd i gystadlu mewn eisteddfod arall ym Maerdy, yn y Rhondda. Sefydlwyd y côr ym 1921 a chystadlodd yn gyson drwy gydol y ganrif, gan ennill nifer o wobrau ariannol. Daethant yn ail mewn pedair prifwyl (yn cynnwys Treorci ym 1928 pan orchfygwyd hwy gan Gôr Meibion Scranton), ac roeddent yn gystadleuwyr rheolaidd yn Eisteddfod y Glowyr a gynhaliwyd yn flynyddol ym Mhorth-cawl o 1948 hyd at 2001.

Yn yr un flwyddyn, dyfarnwyd nifer o gadeiriau barddol cerfiedig ar y patrwm sefydledig. Ym 1919, sefydlwyd eisteddfod gadeiriol ym Mhentrefoelas, i godi arian at dalu benthyciad i adeiladu neuadd y pentref. Er mai poblogaeth o tua 500 oedd gan y pentref, cafwyd cynulleidfa o dros 4,000 yn y babell enfawr. Erbyn 1923, heidiai 15,000 i'r digwyddiad, gyda thros drigain o gorau yn cystadlu, a gwelwyd cynnydd blynyddol hyd ei dirywiad ym 1928. Ym 1926, dyfarnwyd y gadair am gerdd yn y mesur rhydd i Dewi Teifi, enillydd y brifwyl y flwyddyn flaenorol *(gweler plât 154)*. Arweinydd seremoni'r cadeirio oedd Cynan (Y Parch. Albert Evans-Jones), prifardd 1924, a adroddodd weddi'r Orsedd ar yr achlysur. Yr oedd yn ddramodydd ac yn actor, a chafodd ei urddo'n Gofiadur yr Orsedd ym 1935. Yn y blynyddoedd dilynol aeth ati i greu pasiantau lliwgar a dramatig, a'i urddo'n Archdderwydd ym 1950 ac ym 1963.

AN even greater contrast to the National chair was presented at Siloa Chapel in Aberdare *(171)*. This was the first annual eisteddfod of the Siloa Young People's Society and there were two main contests: the first for a mixed choir had a prize of £10 plus a baton, the second for a male choir had £10 plus a chair. It was a large plain example, adorned with only a plaque, and was possibly originally a chair in a workplace. The class was won by the Cwmbach United Male Voice Party and the chair was presented to their conductor, Herbert Davies. This was the year of the Miners' and subsequent General Strike, which paralysed south Wales, and the choir walked over the mountain to compete in another event at Maerdy in the Rhondda. Founded in 1921, the choir competed regularly throughout the century, winning numerous cash prizes. They were runners-up at four Nationals (including Treorchy in 1928, beaten by the Scranton Male Choir) and regularly attended the Miners' Eisteddfod held annually at Porthcawl from 1948 until 2001.

Many of the standard style of carved chair were also awarded in this year. In 1919 a 'chair eisteddfod' was started in the tiny community of Pentrefoelas, to raise money to repay a loan to build the village hall. Although the population was only around 500, an audience of 4,000 was catered for in a marquee. By 1923 the event attracted 15,000, with over thirty choirs competing, with increasing numbers attending until its demise in 1928. In 1926 the chair was awarded for a free verse poem to Dewi Teifi, who had won the National chair the year before *(see plate 154)*. The ceremony was conducted by Cynan (Revd Albert Evans-Jones), winner of the National chair in 1924, who on this occasion recited the Gorsedd prayer. He was a playwright and actor and in 1935 became Gorsedd Recorder. In subsequent years he used his talents to create colourful and dramatic pageants, and became Archdruid in 1950 and 1963.

PRYDDEST

GOFFA

DYFFRYN CLWYD

PASG 1927

1923-1942

172 Cadair Eisteddfod Dyffryn Clwyd,
1927.

Vale of Clwyd Eisteddfod chair,
1927.

Dyffryn Clwyd 1927 Vale of Clwyd

MAE dwy o'r cadeiriau a ddyfarnwyd ym 1927 yn cynrychioli'r nifer helaeth a gynhyrchwyd yn y cyfnod, er eu bod yn ddiffygiol yn eu hapêl artistig yn ôl beirniaid cyfoes a modern. Ond mae eu gwerth yn eu cysylltiadau.

Mae cadair Dyffryn Clwyd yn ymddangos yn hynafol Gyfandirol ac wedi ei haddurno â gwaith plastr arddull y Dadeni o'r math a ddefnyddiwyd ar ddodrefn oedd wedi eu masgynhyrchu (172). Fe'i cyflwynwyd dros y Pasg am gerdd rydd i Alfa, a enillodd dros gant a hanner o gadeiriau eisteddfodol, mwy nag un bardd arall yn ei ddydd. Bron i bedwar ugain mlynedd wedi ei farwolaeth, mae nifer o'r cadeiriau hyn yn cael eu trysori gan ei ddisgynyddion neu eu harddangos mewn capeli lle y bu'n pregethu. Mae cadair Dyffryn Clwyd a'r enghraifft ddu, a enillodd yng Nglanaman ym 1918, ill dwy â phlaciau coffa pres arnynt ac wedi eu gosod mewn lleoliad o bwys yn Hermon, Brynaman lle y bu'n gweinidogaethu. I'r dieithryn, efallai bod y fath gadeiriau yn anghydnaws â'r adeilad plaen, diaddurn.

Yn yr un modd, mae'r gadair a ddyfarnwyd i Trefin (dyn blaenllaw yn yr Orsedd) yn Eisteddfod Powys, a gynhaliwyd ym mis Mehefin yn Llanfair Caereinion, yn enghraifft arall ddi-nod o bren wedi'i staenio. Mae'n un o ddyrnaid o gadeiriau sydd bellach yn cael eu harddangos yn Llyfrgell Genedlaethol Cymru (173).

TWO of the chairs awarded in 1927 are representative of the very large number produced in this era which both contemporary and modern critics have found wanting in artistic appeal. Yet each is held in esteem because of its associations.

The Vale of Clwyd chair has an archaic Continental appearance and incorporates plaster Renaissance embellishments of the type used on mass-produced furnishings (172). It was presented at Easter for a free-metre poem to Alfa who won over 150 eisteddfod chairs, more than any other poet of his day. Many of these, nearly eighty years after his death, are still treasured by descendants or displayed in chapels where he preached. The Vale of Clwyd chair and the black-stained example shown earlier, won at Glanaman in 1918, bear brass memorial plaques and are kept in prominent positions in Hermon, Brynaman, whose congregation he led. To the outsider, they might be seen as totally out of character with this plain building, with its relatively unadorned interior.

Similarly, the chair awarded at the Powys Eisteddfod held in June at Llanfair Caereinion to Trefin (a leading figure in the Gorsedd) is a mundane example in stained timber, but forms one of a small group on display at The National Library of Wales (173).

173 Cadair Eisteddfod Powys, Llanfair Caereinion, 1927.

Powys Eisteddfod chair, Llanfair Caereinion, 1927.

174 *Cadair Eisteddfod Genedlaethol Treorci, 1928.*

National Eisteddfod chair, Treorchy, 1928.

ROEDD Treorci yn ganolfan ddiwylliannol fywiog gyda rchorau byd-enwog ac eisteddfod Led-Genedlaethol. Pan gynhaliwyd y brifwyl yno ym 1928, roedd y gadair enfawr yn adlewyrchiad o bensaernïaeth capeli'r ardal *(174)*. Roedd yn cyd-daro â'r teimlad rhyngwladol yn y Rhondda gan mai cadair wedi ei chyflwyno gan Gymdeithas Gymraeg Blackstone, Queensland, Awstralia ydoedd. Dyma gyfnod pryd y bu cryn ymfudo ymysg glowyr y cymoedd diwydiannol, wrth iddynt fynd â'u crefft i wledydd â gwell cyfleoedd.

Yr oedd Blackstone yn ardal lofaol, gyda chymuned Gymraeg a gyflwynodd gadair a £21 yn rhodd i Eisteddfod Treorci. Saer y gadair oedd Evan Morris Jones, un o griw o ymfudwyr a oedd yn hanu o Dal-y-bont. Wedi iddo gwblhau'r gwaith, dadorchuddiwyd y gadair mewn seremoni yn y capel lleol.

Mae cefn y gadair yn dangos arfbais Awstralia gyda'r arwyddair *'Advance Australia'*. O dan y sedd mae stamp *'James Rankin Expert Furniture Maker'*, cyflogwr Jones mae'n debyg. Yn ogystal, mae'r geiriau *'European Labour Only'*, sy'n cyfeirio at bolisi 'Awstralia Wyn', a gefnogai ymfudo Ewropeaidd ond a welai lafur o Asia yn fygythiad i weithwyr y wlad. Byddai defnyddwyr yn cael eu hannog i brynu eitemau o wneuthuriad Ewropeaidd gyda'r stamp ardystiedig.

Ni ddyfarnwyd y gadair y flwyddyn honno, er mai'r bardd Gwenallt oedd wedi cyfansoddi awdl orau'r gystadleuaeth. Roedd cynnwys y gerdd, a ymdriniai â nwydau rhywiol, yn dipyn o bwnc llosg yn y cyfnod ac fe'i gelwid yn 'bentwr o aflendid' gan y beirniad, John Morris-Jones.

Cyflwynwyd cadair arall i'r Eisteddfod ym 1929 gan 'y Ddirprwyaeth o Awstralia', sef y gadair â chanopi a ddefnyddir gan yr Archdderwydd *(gweler plât 249)*. Credir mai i Lywydd yr Eisteddfod y rhoddwyd y gadair yn wreiddiol. Yn 2007 disodlwyd y Tair Pluen wreiddiol oedd ar y gadair gan y Nod Cyfrin.

TREORCHY was a vibrant cultural centre with world-renowned choirs and its own large Semi-National. When the National was held there in 1928, the massive chair effectively mirrored the chapel architecture of the area *(174)*. It also accorded with the internationalist sentiment of the Rhondda, being presented by the Blackstone Welsh Society of Queensland, Australia. Emigration was particularly strong from the industrial valleys in this period, with many miners taking their expertise to countries of greater opportunity.

Blackstone was a coalmining district whose Welsh community resolved to present a chair and £21 to the Treorchy eisteddfod. It was made by Evan Morris Jones, one of a group originating in Tal-y-bont, and after completion was unveiled at a ceremony in the local chapel.

The back of the chair prominently features Australia's coat of arms together with the motto 'Advance Australia'. The underneath of the seat is stamped 'James Rankin Expert Furniture Maker', presumably Jones's employer. It also bears the slogan 'European Labour Only', which refers to the 'White Australia' policy at that time, which encouraged European immigration but saw Asian labour as a threat to Australian workers. Consumers were encouraged to buy 'European-made' goods which carried this certified stamp.

The chair was withheld, however, amidst controversy over the winning entry by Gwenallt. Its unconventional content, dealing in part with sexual passion, was described by John Morris-Jones, one of the adjudicators, as 'a pile of filth'.

In 1929 the canopied throne now used by the Archdruid was 'presented by the Australian Delegation' *(see plate 249)*. Known as the Presidential Chair it was presumably intended at that time for the President of the Eisteddfod. In 2007 the original Three Feathers was replaced with the Mystic Mark.

175 *Cadair Eisteddfod Salem (Pen-coed),*
1930.

Salem (Pen-coed) Eisteddfod chair,
1930.

Salem, Pen-coed   1930   Salem, Pen-coed

NID yw cadair Salem, Pen-coed, 1930 yn wahanol iawn i'r cadeiriau a welwyd ar ddechrau'r ganrif *(175)*. Mae iddi gefn uchel gyda chrib fawr sy'n cynnwys y Tair Pluen, uwchben paneli cerfiedig dyrchafedig. Mae'r breichiau gogwyddog yn gorwedd ar gynnalbrennau wedi eu siapio, ac mae'r coesau blaen sgwâr o'r math a ddatblygwyd yn y 1890au.

Roedd cadair myfyrwyr Aberystwyth 1931 o'r un arddull hynafol, yn steil *antique* y diwydiant dodrefn rhyngwladol *(176)*. Byddai cadeiriau o'r cyfnod hwn yn aml wedi eu gwneud o dderw cyffredin, weithiau wedi'u staenio. Fodd bynnag, mae'r enghraifft hon yn amlwg wedi ei gwneud o dderw brodorol o safon, ac wedi ei cherfio'n gain. Mae'r panel cefn yn dangos arfbais Prifysgol Cymru.

Yn eisteddfod Ystrad Fflur 1930 a 1931, dyfarnwyd cadeiriau gyda chefnau tebyg iawn, y ddwy gadair wedi eu cyflenwi gan Gwmni Dodrefnu Pontypridd *(177)*.

176 Cadair Eisteddfod y Myfyrwyr, Aberystwyth, 1931.

Students' Eisteddfod chair, Aberystwyth, 1931.

THE chair presented at Salem, Pen-coed, in 1930 hardly differs from those produced at the start of the century *(175)*. It has a high back with a large crest featuring the Three Feathers, above well-carved raised panels. The sloping arms have shaped supports, and the squared front legs are of the type first developed in the 1890s.

The Aberystwyth students' chair of 1931 was similarly archaic, but in the antique style of the international furniture trade *(176)*. Chairs of this date are often made of an indifferent oak, sometimes stained, but this example is clearly made of good quality native timber and is finely carved. The back panel displays the arms of the University of Wales.

The eisteddfod held at Strata Florida gave chairs with almost identical backs in 1930 and 1931, both apparently supplied by the Pontypridd Furnishing Company *(177)*.

177 Cadair Eisteddfod Ystrad Fflur, 1931.

Strata Florida Eisteddfod chair, 1931.

178 *Cadair Eisteddfod Genedlaethol Wrecsam, 1933.*

National Eisteddfod chair, Wrexham, 1933.

179 *Crefftwyr Shanghai gyda chadair Wrecsam.*

Shanghai craftsmen with the Wrexham chair.

Wrecsam 1933 Wrexham

YR oedd y gadair ar gyfer y Genedlaethol a gynhaliwyd yn Wrecsam ym 1933 yr un ffunud â chadair Abertawe 1926 *(178)*. Dyma'r cadeiriau mwyaf cywrain eu cerfwaith a gynhyrchwyd ar gyfer unrhyw ddigwyddiad. Roeddent yn drwm yn nhraddodiad dodrefn Tsieineaidd, gan gynnwys eu dehongliad hwy o'r ddraig. Ar wahân i leoliad, dyddiad ac arwyddair yr Orsedd, Tsieineaidd yw'r arysgrifen a'r holl waith cerfiedig. Comisiynwyd cadair Wrecsam gan Uchgapten J R Jones, Hong Kong ar ran Cymdeithas Gymraeg Shanghai. Yr oedd yn frodor o Lanuwchllyn, yn Eisteddfodwr brwd a ganddo gryn ddiddordeb yn niwylliant a chelfyddyd Tsieina. Gwnaed y gadair o rosbren India ac fe'i saernïwyd gan bedwar dyn dros gyfnod o un mis ar bymtheg. Daeth y crefftwyr hyn o amddifaty Catholig T'ou-se-we, ar gyrion Shanghai, a ddysgai grefftau llaw fel cerfio gwaith coed *(179)*.

Enillydd y gadair oedd Trefin, a oedd eisoes yn enillydd trideg a thair o gadeiriau a choron.

THE chair for the National held in Wrexham in 1933 was almost identical to that presented at Swansea in 1926 *(178)*. These were the most intricately carved chairs produced for any event and were firmly in the Chinese tradition of furniture making, which naturally included their own rendition of the dragon. Apart from the location, date and Gorsedd motto, the inscription, scenes and motifs are wholly Chinese. The Wrexham chair was commissioned by Major J R Jones of Hong Kong on behalf of the Shanghai Welsh Society. He was originally from Llanuwchllyn and was an avid eisteddfod-goer with a passion for Chinese art. The chair is made of Indian rosewood and took four men sixteen months to produce. These craftsmen were from the T'ou-se-we Catholic orphanage, on the outskirts of Shanghai, which had workshops for teaching skills such as woodcarving *(179)*.

The winner was Trefin, who had already won thirty-three chairs and a crown.

180 *Rhaglen Eisteddfod Genedlaethol Castell-nedd, 1934.*

Programme for the National Eisteddfod, Neath, 1934.

Castell-nedd  1934 Neath

YN yr Eisteddfod Genedlaethol yng Nghastell-nedd, 1934, yr oedd y gadair wedi ei dylunio a'i chyflwyno gan *T. Hill & Co., Furnishers*, o Gaerdydd a Chastell-nedd *(180)*. Yr oedd iddi urddas y gorseddau 'Clasurol' a ffafriwyd ar gyfer y brifwyl ar ddechrau'r ganrif gyda thoreth o gerfiadau cywrain a'r motiffau arferol yn cynnwys arfbais y dref.

Enillwyd y gadair gan Y Parch. William Morris, a urddwyd yn Archdderwydd ym 1957.

Gwnaed cadair debyg iawn ar gyfer yr Eisteddfod Genedlaethol yn Ninbych, 1939 ond ataliwyd y wobr y flwyddyn honno *(181)*. Yn ogystal ag ychwanegiad o blethwaith Celtaidd ar ymyl ffrâm y sedd, yr oedd gan y gadair nodweddion a ysbrydolwyd, o bosib, gan wrthrychau yr hen Aifft a ddaeth yn boblogaidd yn sgil darganfod beddrod Tutankhamun yn y degawd blaenorol.

THE chair presented at the National held at Neath in 1934 was 'Designed and presented by T. Hill & Co., Furnishers, Cardiff and Neath' *(180)*. It had the presence of the 'Classical' thrones favoured at Nationals held earlier in the century and was profusely and exceptionally well-carved with all of the usual motifs as well as the coat of arms of the town.

It was won by Revd William Morris, who became Archdruid in 1957.

A chair of similar appearance was made for the National held at Denbigh in 1939, but was withheld *(181)*. In addition to Celtic interlacing around the seat frame, it exhibited elements which were possibly drawn from ancient Egyptian artefacts, which had become popular following the discovery of Tutankhamun's tomb in the previous decade.

181 Rhaglen Eisteddfod Genedlaethol Dinbych, 1939.

Programme for the National Eisteddfod, Denbigh, 1939.

182 Cadair Eisteddfod Genedlaethol
     Caernarfon, 1935.

     National Eisteddfod chair,
     Caernarfon, 1935.

183 Cadair Eisteddfod Genedlaethol
     Abergwaun, 1936.

     National Eisteddfod chair,
     Fishguard, 1936.

Caernarfon 1935 Caernarfon

CYFLWYNWYD cadeiriau gan gymdeithasau Cymry dramor mewn tair prifwyl yn ddilynol; y gyntaf gan Gymry Seland Newydd 1935. Gwnaed y gadair gefn-tal gan greffftwyr Maori o bren totara, gyda llygaid addurniadol o gregyn paua a phlac o pounamu *(182)*. Mae'r cerfwaith dramatig yn cynrychioli symbolaeth y Maori o dan y sedd, ar y breichiau, y coesau blaen a'r ystlysbyst. Mae'r panel cefn yn fwy nodweddiadol o gadair eisteddfodol ac yn cynnwys y Nod Cyfrin uwchben y lleoliad a'r dyddiad, arfbais tref Caernarfon, arwyddair yr Orsedd a motiff Celtaidd gyda dail y dderwen yn cyd-blethu â rhedyn o Seland Newydd.

Cyflwynwyd y gadair er anrhydedd i'r Arglwyddes Bledisloe, gwraig y Llywodraethwr, y ddau yn noddwyr ar gelfyddyd a diwylliant y Maori. Roeddent hefyd yn ddilynwyr rygbi ac mae Cwpan Bledisloe yn cael ei chyflwyno hyd heddiw mewn cystadleuaeth rhwng Seland Newydd ac Awstralia. Yr ymgeisydd llwyddiannus a'r prifardd ieuengaf, yn ddwy ar hugain oed, oedd Gwyndaf (Y Parch. Evan Gwyndaf Evans). Urddwyd ef yn Archdderwydd ym 1966 ac yn Gofiadur ym 1970.

Cyflwynwyd cadair Abergwaun 1936 gan 'Gymry Uganda' *(183)*. Fe'i gwnaed o bren iroko, a cheir darlun cerfiedig o bentref Affricanaidd ar ei chefn. Enillydd y gadair oedd Y Parch. Simon B Jones.

Ym 1937, unwyd yr Eisteddfod Genedlaethol a'r Orsedd yng Nghyngor yr Eisteddfod. Cyflwynwyd y gadair y flwyddyn honno, ym Machynlleth, gan Gymdeithas Dewi Sant, Brisbane, Awstralia *(184)*. Nid oedd iddi unrhyw nodweddion brodorol Awstralaidd a gyda'i chymysgedd o elfennau hanesyddol, yr oedd yn arddull cadeiriau seremonïol cyfnod Fictoria. Dyfarnwyd y gadair i T Rowland Hughes, bardd ac awdur poblogaidd.

184 Rhaglen Eisteddfod Genedlaethol Machynlleth, 1937.
Programme for the National Eisteddfod, Machynlleth, 1937.

OVERSEAS societies presented chairs for three successive Nationals, starting with the New Zealand expatriates in 1935. The high-backed chair was made by Maori craftsmen in totara wood, with decorative eyes from paua shell and a presentation plaque in pounamu *(182)*. The carving dramatically features authentic Maori symbols beneath the seat and on the arms, front legs and rear uprights. The back panel is more typical of eisteddfod chairs, with the Mystic Mark above the location and date, and the arms of Caernarfon, the Gorsedd motto and a Celtic motif which is flanked by oak branches crossed with New Zealand ferns.

The chair was presented in honour of Lady Bledisloe, the wife of the Governor General, the couple being great patrons of Maori art and culture. They were also rugby enthusiasts and the Bledisloe Cup is still contested by the Wallabies and All Blacks. The successful entrant, Gwyndaf (Revd Evan Gwyndaf Evans), was, at twenty-two, the youngest poet ever to have won at National level. He became Archdruid in 1966 and Recorder in 1970.

The Fishguard chair of 1936 was presented by 'Cymry Uganda' *(183)*. Made of iroko wood, it features an African village scene in the back panel. The winner was Revd Simon B Jones.

In 1937 the National Eisteddfod Association and the Gorsedd were united in the new National Eisteddfod Council. The chair presented in that year at Machynlleth was donated by Cymdeithas Dewi Sant of Brisbane, Australia *(184)*. It had no indigenous Australian characteristics and, with its mixture of historical features, was in the style of a Victorian ceremonial chair. It was awarded to T Rowland Hughes, a popular poet and novelist.

185 Cadair Eisteddfod Genedlaethol Caerdydd, 1938.

National Eisteddfod chair, Cardiff, 1938.

186 Crefftwr o gwmni Gwneuthurwyr Dodrefn Brynmawr, a gynhyrchodd gadair Caerdydd.

A craftsman at Brynmawr Furniture Makers, where the Cardiff chair was produced.

Caerdydd 1938 Cardiff

Yn y flwyddyn hon cyflwynwyd cadair o gymeriad cwbl wahanol gan Gymdeithas Naturiaethwyr Caerdydd, un a ddyluniwyd gan aelodau o'r Gymdeithas a Phwyllgor yr Eisteddfod *(185)*. Defnyddiwyd technegau saernïaeth draddodiadol a derw o 'ystâd yr Arglwyddes Herbert yn sir Fynwy' wrth wneud y gadair. Cafodd y sedd a rhan o'r cefn ei chlustogi â chroen mochyn ac ar y cefn, mewn lliwiau herodrol, mae arfbais y tywysogion canoloesol.

Mae'r dyluniad cyfoes yn yr arddull a boblogeiddiwyd gan Ysgol y Cotswolds. Yr oedd yn ymateb uniongyrchol i'r dodrefn a fasgynhyrchwyd ac i'r goraddurn a fu mor nodweddiadol o gadeiriau eisteddfodol. Ysgrifennodd Iorwerth Peate: 'Y mae cadair Caerdydd yn ymdrech wrol i gael cynllun syml yn cydweddu â datblygiad diweddar cynlluniau cadeiriau ym Mhrydain.' Cynrychiolai safbwynt canran o'r gymdeithas ddiwylliedig *élite*, â Peate yn eu mysg, a feirniadodd y cadeiriau eisteddfodol tramor am fod yn ddi-chwaeth eu dyluniad a'u crefftwaith. Yr oedd ef yn ffafrio ceinder drwy symlrwydd ac yn awyddus i hyrwyddo crefftwaith llaw traddodiadol, gan ystyried y crefftwyr yn gonglfeini ffordd wledig Gymreig o fyw. Er hynny, roedd llawer o'r crefftwyr hyn yn awyddus dros ben i ychwanegu cerfwaith addurnedig i'w gwaith.

Aeth y gadair i'r bardd Gwilym R Jones, un o dri yn unig i ennill y gadair, y goron (1935) a'r fedal (1941). Yr oedd ganddo ddiddordeb mewn syniadau modern ac roedd yn hoff o'r gadair, a oedd yn ychwanegiad defnyddiol a chyfforddus yn ei barlwr *(187)*. Cofiai bod y beirniaid, Saunders Lewis a T Gwynn Jones, hefyd yn edmygu'r gadair.

parhad ...

187 *Gwilym R Jones yn eistedd yn y gadair a enillodd yng Nghaerdydd ym 1938.*

Gwilym R Jones seated in the chair won at Cardiff in 1938.

THE Cardiff Naturalist's Society donated a chair of a significantly different character in 1938, designed by a group drawn from the Society and the Eisteddfod Committee *(185)*. The chair was beautifully made using traditional constructional techniques and oak 'from Lady Herbert's estate in Monmouthshire'. It was upholstered in Welsh pigskin and the back bears the arms of the medieval Welsh princes highlighted in heraldic colours.

The contemporary design was in the style popularized by the Cotswold School and was a reaction against the mass-produced furniture of the period as well as the over-ornamentation which had often been the hallmark of eisteddfod chairs. Iorwerth Peate wrote that 'the Cardiff chair is a courageous effort to obtain a simple design in accordance with the recent development of chair design in Britain [trans.].' It well represented the preferences of a section of the cultural elite, Peate characteristically criticizing previous chairs as foreign and lacking taste in their design and craftsmanship. He favoured not only 'beauty through simplicity' but the promotion of traditional hand-craftsmanship, seeing the practitioners as a pillar of an essentially rural Welsh way of life. It has to be said, however, that many of his idealized craftsmen continued to relish any opportunity to add elaborate carving to their products.

The chair was awarded to Gwilym R Jones, one of only three individuals to win the chair, crown (1935) and medal (1941). He was interested in modern ideas and approved of the chair, which he kept as a useful and comfortable addition to his parlour *(187)*. He recalled that the adjudicators, Saunders Lewis and T Gwynn Jones, both admired its qualities.

continued ...

188 Cadair Eisteddfod
     y Blaenau,1938.

Eisteddfod chair,
Blaina, 1938.

189 Cadair Eisteddfod y Myfyrwyr,
     Aberystwyth, 1939.

Students' Eisteddfod chair,
Aberystwyth, 1939.

Gwnaed cadair Caerdydd gan gwmni Gwneuthurwyr Dodrefn Brynmawr, a oedd yn rhan o Ddiwydiannau Brynmawr a Chwm Clydach. Sefydlwyd y cwmni mewn ardal o ddiweithdra enbyd gan Gymdeithas y Cyfeillion i gyflogi dynion a bechgyn a fyddai fel arall yn segur. Nid oedd y fenter yn ymgais i adfywio traddodiad gwledig lleol fel yn achos y Cotswolds ond, yn hytrach, yr oedd yn ymdrech gan ddyngarwyr i leddfu dioddefaint mewn ardaloedd dirwasgedig. Penodwyd Paul Matt, mab i saer dodrefn a mewnfudwr, i ddylunio dodrefn syml o dderw a oedd yn gyfoes ac yn addas i'r cyn-weithwyr haearn i'w cyd-osod. Gwerthwyd y dodrefn mewn catalogau, arddangosfeydd mewn siopau mawr (yn cynnwys David Morgan, Caerdydd) a siopau arddangos yn Llundain a Manceinion. Cafodd y cwmni gryn lwyddiant, gyda chymorth unigolion o statws megis y Chwiorydd Davies, Gregynog (eu cyfoeth yn hanu o'r *Ocean Coal Company*, Rhondda) a sefydliadau megis Coleg Harlech. Roedd y dodrefn yn boblogaidd ymhlith Cymry Cymraeg dosbarth canol hefyd a welodd y cynnyrch yn cael eu harddangos yn yr Eisteddfodau Genedlaethol. Yr oedd Brynmawr yn un o nifer o brosiectau yn y cymoedd diwydiannol a ddenodd gydymdeimlad unigolion megis Peate a Saunders Lewis. Fodd bynnag, ni chroesawyd hwy gan bawb yn y cymunedau hynny, a welai eu cymorth fel ymateb nawddoglyd ac aflwyddiannus i faterion economaidd a gwleidyddol dwys. Caewyd ffatri ddodrefn Brynmawr ym 1939, ar ddechrau'r rhyfel.

Cynhyrchodd Gwneuthurwyr Dodrefn Brynmawr gadair eisteddfodol arall, cadair bob-dydd gyda sedd cortyn, ar gyfer y gymuned gyfagos yn y Blaenau yr un flwyddyn â'r Genedlaethol *(188)*.

Gwnaed cadair debyg ar gyfer eisteddfod y myfyrwyr yn Aberystwyth ym 1939 *(189)*. Tua 1917, sefydlwyd adran Celfyddyd a Chrefft o fewn Adran Addysg y Brifysgol gyda Dan Jones yn athro celf, a lle cynigiwyd gwersi gwneud dodrefn ymhlith crefftau eraill. Yr oedd Jones, hanesydd dodrefn cyntaf Cymru, yn ffafrio symlrwydd yn hytrach na goraddurn. Fel Peate, yr oedd yn ystyried addurn yn anghydnaws. Erbyn y 1930au yr oedd y myfyrwyr yn cynhyrchu dodrefn 'plaen ac ymarferol' yn ymdebygu i ddodrefn Brynmawr.

The Cardiff chair had been made at Brynmawr Furniture Makers, part of Brynmawr and Clydach Valley Industries which was established in this unemployment blackspot by the Society of Friends 'to employ men and boys who would otherwise be idle'. The venture was, therefore, not a re-invigoration of a local rural tradition, as was the case in the Cotswolds, but an attempt by outside philanthropists to relieve the suffering of the 'Distressed Areas'. Paul Matt, the son of an immigrant cabinet-maker, was recruited to design simple oak furniture which accorded with contemporary styles and could be easily assembled by the re-trained ironworkers. The products were sold through catalogues, exhibitions held in department stores (including David Morgan of Cardiff) and showrooms in London and Manchester. They met with some commercial success, helped by the custom of wealthy individuals such as the Davies sisters of Gregynog (whose fortune derived from the Ocean Coal Company of the Rhondda) and of institutions such as Coleg Harlech. The furniture was also popular with the Welsh-speaking middle class, who saw the range displayed at National *Eisteddfodau*. Brynmawr was one of a number of projects in the industrial valleys which drew the sympathy of individuals such as Peate and Saunders Lewis, but which were not universally welcome within those communities, where many regarded the assistance as an ineffectual and patronizing response to profound economic and political issues. The factory closed in 1939 with the outbreak of war.

Brynmawr Furniture Makers produced a more everyday 'cottage' chair, with a cord seat, for the neighbouring community of Blaina in the same year as the National *(188)*.

A very similar chair was made for the Aberystwyth students in 1939 *(189)*. Around 1917 an Arts and Crafts section was created within the University's Department of Education with Dan Jones as drawing master, and furniture making was taught alongside other crafts. Jones, Wales's first furniture historian, favoured the plain over the ornamented which, like Peate, he regarded as somehow alien. By the 1930s students were making 'sober and practical' furniture akin to that from Brynmawr.

190 *Cadair arian finiatur Eisteddfod Genedlaethol Aberpennar, 1940.*

National Eisteddfod miniature silver chair, Mountain Ash, 1940.

Aberpennar 1940 Mountain Ash

Ybwriad oedd cynnal Eisteddfod 1940 ym Mhen-y-bont ar Ogwr. Fodd bynnag, yn sgil y rhyfel a'r ffatri arfau yn y dref, penderfynwyd ei symud i Aberpennar, lleoliad Gŵyl Gorawl y Tri Chwm yn y 1930au. Ond hyd yn oed yno, yr oedd yn rhy beryglus i barhau â'r trefniadau. Yn lle'r brifwyl arferol aeth T Rowland Hughes, a weithiai yn y BBC, ati i drefnu 'Eisteddfod Radio'.

Enillwyd y gadair gan Hughes - cadair arian finiatur, fel a welwyd ym 1922 *(190)*. Mae'r gadair yn arddull yr unfed ganrif ar bymtheg gydag addurn y Dadeni yn y paneli ar y cefn ac o dan y sedd, a phaneli plyg lliain ar bob ochr. Fel cadair 1922, gellir tybio ei bod yn cyfeirio at y math o gadair a ddyfarnwyd yn y cyfnod Tuduraidd, ac yn fersiwn finiatur o gadair a welwyd yn y *Dictionary of English Furniture*, 1927. Mae'n bosib mai cydawdur y llyfr, Ralph Edwards, a ddarparodd y manylion. Ef oedd Ceidwad Gwaith Coed Amgueddfa Fictoria ac Albert, brodor o sir Fynwy a gydweithiodd gyda Peate ar arddangosfa o ddodrefn plastai Cymru yn yr Amgueddfa Genedlaethol ym 1936.

Parhau i ffynnu a wnaeth yr eisteddfodau lleol ac, er gwaethaf y rhyfel, cyflwynwyd cadair fawreddog, hynafol o dderw golau yng Nglannau Ystwyth yn yr un flwyddyn *(191)*.

191 Cadair Eisteddfod Glannau Ystwyth, 1940.

Glannau Ystwyth Eisteddfod chair, 1940.

THE 1940 Eisteddfod was to be held at Bridgend, but due to the war and the presence of a large munitions factory in the town it was decided to relocate to Mountain Ash, the location in the 1930s of the popular Three Valleys Choral Festival. However, it became clear that it would be impossible to stage the event during such a dangerous time and T Rowland Hughes used his position at the BBC to organize a 'Radio Eisteddfod' instead.

The chair was won by Hughes and, as in 1922, was a silver miniature *(190)*. It is in an early-16th century style with Renaissance decoration in the panels on the back and beneath the seat, and linenfold designs on the sides. As with the earlier example it was presumably a reference to the Tudor forerunners of the modern event, and was a scaled-down replica of a chair illustrated in the *Dictionary of English Furniture*, published in 1927. It was, therefore, familiar to the co-author, Ralph Edwards, who may have supplied the details. He was Keeper of Woodwork at the Victoria and Albert Museum, a native of Monmouthshire and had collaborated with Peate in setting up an exhibition of furniture from Welsh houses at the National Museum of Wales in 1936.

Local *eisteddfodau* still flourished and, despite the war, a rather massive and archaic chair in lightish oak was presented at Glannau Ystwyth in the same year *(191)*.

192 *Cadair Eisteddfod Treorci, 1941.*

Treorchy Eisteddfod chair, 1941.

193 *Cadair Eisteddfod Dinas Mawddwy, 1939.*

Dinas Mawddwy Eisteddfod chair, 1939.

EISTEDDFOD

Treorci

1941

Treorchy

MAE cadair y Led-Genedlaethol yn Nhreorci, 1941, yn dangos parhad yr arddull Celfyddyd a Chrefft gynt *(192)*. Mae hefyd yn dangos dylanwad pensaernïaeth y capeli a amlygir yn y bwa clasurol ar gefn uchaf y gadair a'r plac gyda'r llythrennu ar y gwaelod. Nid oes unrhyw symbolau barddol na chenedlaethol ar wahân i'r genhinen ddramatig. Mae arni label David Morris, Llanwrda, pentref bychan yn sir Gaerfyrddin, lle y cyflenwai'r dodrefnwr hwn farchnad eang yn ystod rhan gyntaf y ganrif. Mae atgofion amdano a'i gelfi yn parhau yn yr ardal hyd heddiw. Byddai crefftwyr o'r fath yn cyflenwi'r ardaloedd diwydiannol yn aml drwy gysylltiad personol neu enwadol.

Enillydd y gadair oedd Niclas y Glais, mab i ffermwr o Lanfyrnach a drodd yn wleidyddol tra yn bregethwr yng Nghwm Tawe. Cadarnhawyd ei safbwyntiau gan Chwyldro Bolsieficaidd 1917, ac wedi'r Rhyfel Byd Cyntaf, a wrthwynebodd, gadawodd y weinidogaeth a hyfforddi fel deintydd. Roedd yn llefarydd amlwg ac yn newyddiadurwr o fewn y mudiad sosialaidd ac yr oedd ei farddoniaeth yn ymwneud yn bennaf â'r gwrthdaro rhwng cyfalafiaeth a llafur. Ar ddechrau'r Ail Ryfel Byd cafodd ef a'i fab eu carcharu ar gyhuddiadau ffug ond rhyddhawyd hwy yn dilyn ymgyrch rymus gan eu cefnogwyr.

Ym 1939, enillodd gadair debyg yn Ninas Mawddwy, un syml ond yn yr arddull Gothig Eglwysig gyda draig o fewn y panel *(193)*.

194 Niclas y Glais yn eistedd mewn cadair arall a enillodd.

Niclas y Glais, seated in another of the chairs he won.

THE chair presented at the large annual Semi-National held at Treorchy in 1941 shows the continuing use of an earlier Arts and Crafts style *(192)*. It is also reminiscent of a certain type of chapel architecture, emphasized by the classical arch at the top of the back and the plaque of lettering at the bottom. There are no bardic or national symbols other than the dramatic leek. It bears the label of David Morris of Llanwrda, a small Carmarthenshire village from which this prolific house furnisher had supplied a wide market in the earlier part of the century. He is still remembered locally for his distinctive articles. When such craftsmen supplied the industrial areas, it was often through a personal, or denominational, connection.

The chair was won by Niclas y Glais, a farmer's son from Llanfyrnach who became politicized whilst a preacher in the Swansea Valley. His views were crystallized by the Bolshevik Revolution in 1917 and after the end of the First World War, which he had opposed, he left the ministry and trained as a dentist. Subsequently he became a leading spokesman and journalist in the socialist movement and his poetry was chiefly concerned with the conflict between capital and labour. At the outbreak of the Second World War he and his son were briefly imprisoned on false charges, being released after a vigorous campaign by his supporters.

In 1939 he had won a similarly simple chair, but in a Church Gothic style and with a dragon panel, at the other end of the country in the rural community of Dinas Mawddwy *(193)*.

Pennod Chwech

1943-2008

CHAPTER SIX

1943-2008

195 Cadair Eisteddfod Cairo, 1943.
   Uchder 8.75 modfedd (22cm).

   Cairo Eisteddfod chair, 1943.
   Height 8.75 inches (22cm).

196 Nerys ac
   Eryl Williams
   gyda chadair
   eisteddfodol, 1953.

   Nerys and
   Eryl Williams
   with an eisteddfod
   chair, 1953.

197 Cyflwyno'r gadair,
   Eisteddfod Ysgol
   Ramadeg y Bechgyn
   Dolgellau, 1956.

   Awarding the chair,
   Dolgellau Boys'
   Grammar School
   Eisteddfod, 1956.

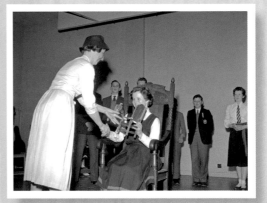

198 Seremoni gadeirio,
   Eisteddfod Ysgol y
   Sir Llanfyllin, 1957.

   Chairing ceremony
   at Llanfyllin County
   School Eisteddfod,
   1957.

Yn y blynyddoedd wedi'r rhyfel, bu cwymp sydyn yn y gofyn am seiri gwlad ac nid oedd seiri cadeiriau i'w canfod ym mhob ardal bellach. Dyma yn rhannol y rheswm dros ddatblygiad yr arfer, yn ail hanner yr ugeinfed ganrif, o gyflwyno cadeiriau pren miniatur mewn eisteddfodau lleol yn ogystal ag eisteddfodau ysgolion.

Cyflwynwyd enghraifft blaen mewn eisteddfod ryfel i'r lluoedd yn Cairo ym 1943 *(195)*, tra gwelwyd enghreifftiau mwy addurnedig yn Nolgellau ym 1945 *(199)* a Chrug-y-bar ym 1956 *(200)*.

Defnyddiwyd cadair o lawn faint yn ystod y seremonïau hyn, gan amlaf yn y math plaen, sefydledig ond ar adegau defnyddiwyd cadair farddol draddodiadol megis yn Ysgol y Sir Llanfyllin *(198)*. Weithiau byddai arwyddocâd arbennig i'r cadeiriau drwy gysylltiad bardd llwyddiannus gyda'r lle. Yn Ysgol Pontllan-fraith, defnyddiwyd cadair a enillodd un o'r cyn-athrawon, Trefin, ym Mhont-y-pŵl. Mewn gwirionedd, yr oedd hyn yn dwyn i gof y traddodiad cynnar pan gadeiriwyd y bardd a'i wobrwyo â 'medal'.

Cynhyrchwyd nifer o'r cadeiriau miniatur hyn ac yr oeddent yr un mor amrywiol yn eu dyluniad a'u saernïaeth a'r fersiynau o lawn faint. Fel arfer roeddent o batrwm traddodiadol, a chyfyngwyd yr addurn i'r arysgrifen.

The number of village carpenters and furniture makers able to make a living from their craft fell sharply in the post-war period and competent chairmakers were no longer to be found in every district. This was, at least in part, the cause of one of the most noticeable developments of the second half of the century, the presentation at local *eisteddfodau*, including those held in schools, of miniature wooden chairs.

A plain example was given at a war-time eisteddfod held for troops in Cairo in 1943 *(195)*, with more decorative examples given at events in Dolgellau in 1945 *(199)* and Crug-y-bar in 1956 *(200)*.

The full-size chair used in the ceremony itself was often a plain domestic or institutional example, but was sometimes a traditional bardic chair such as that used at Llanfyllin County School *(198)*. Occasionally these had significance because of their association with a successful poet connected to the place. Pontllanfraith School, for example, used a chair won at Pontypool by Trefin, a former member of staff. This was, in effect, a return to the early traditions when the bard was chaired in a seat used for the occasion and presented with a 'medal'.

Miniatures were produced in very large numbers and were as varied in design and craftsmanship as their full-size counterparts. Usually of a traditional pattern, surface decoration was normally confined to inscriptions.

199 *Cadair Eisteddfod Ysgol Dr Williams, Dolgellau, 1945.*

Dr Williams School Eisteddfod chair, Dolgellau, 1945.

200 *Cadair Eisteddfod Crug-y-bar, 1956. Gwnaed gan D Evans, Glandwr, Llanwrda. Uchder 13 modfedd (33cm).*

Crug-y-bar Eisteddfod chair, 1956. Made by D Evans, Glandwr, Llanwrda. Height 13 inches (33cm).

201 Cadair Eisteddfod Trefor,
1946.

Trefor Eisteddfod chair,
1946.

202 Cadair Eisteddfod Sant Iago (Pencarreg),
1950.

St Iago (Pencarreg) Eisteddfod chair,
1950.

Trefor 1946 *Trefor*

FFYNNAI yr eisteddfodau lleol gan arddangos cryn amrywiaeth yn y mathau o seremonïau a regalia a ddefnyddiwyd. Parhaodd yr arfer o'u cynnal mewn cymunedau bychan fel Llanegryn *(gweler plât 27)* yn ogystal ag ymhlith y cymdeithasau Cymreig dros y ffin mewn canolfannau megis Lerpwl *(203)* a'r Amwythig *(204)*. Er hynny, ni roddwyd cymaint o bwys i'r cystadlaethau corawl, ac adlewyrchwyd hynny yn nirywiad yr hen gymunedau diwydiannol a fu unwaith yn feithrinfa iddynt a'r capeli a fu'n ganolbwynt i'r bywyd cymdeithasol.

Yr oedd y cadeiriau a gyflwynwyd yn yr eisteddfodau rhanbarthol fel arfer o'r saernïaeth orau, er mor gyntefig a syml eu dyluniad, yn debyg i ddodrefnyn i'r cartref. Gwnaed cadeiriau o'r math ar gyfer eisteddfodau yn Nhrefor ym 1946 *(201)* ac ym Mhencarreg ym 1950 *(202)*. Yn unol â'r ffasiwn gyfoes, daeth yn arferiad i adael y pren yn olau gyda dim mwy na chôt o farnais. Cyfyngwyd yr addurn i'r llythrennu a ddangosai leoliad a dyddiad y digwyddiad.

Yn y cyfamser parhaodd y cadeiriau hynny a wnaed ar gyfer yr eisteddfodau taleithiol i ddilyn y patrwm sefydledig, gyda chrib gerfiedig drawiadol a phanel cefn a'r ddraig. Gwnaed cadair o'r un math gan Richard Ifor Morris â'r gyfer Eisteddfod Powys yn Glyn Ceiriog ym 1957 *(205)*.

LOCAL *eisteddfodau* flourished, with varying degrees of ceremony and regalia, and continued to be held in small communities such as Llanegryn *(see plate 27)* as well as among Welsh societies over the border in centres such as Liverpool *(203)* and Shrewsbury *(204)*. Choirs and choral contests became progressively less important, reflecting the decline in the old industrial communities that had nurtured them and in chapels, which had formed the centres of social life.

When chairs were presented at district events they were usually well-made using the best joinery practice but often basic, almost domestic, in their design. Such chairs were made for *eisteddfodau* in Trefor in 1946 *(201)* and Pencarreg in 1950 *(202)*. In accordance with contemporary taste, there was a growing tendency to leave the timber a pale colour, finished with a clear varnish. Decoration was typically confined to lettering showing the place and date.

A few, particularly those made for the larger provincial events, were of the established type with elaborate and carved crests and dragon back panels. A chair of this type was made by Richard Ifor Morris for the Powys Eisteddfod held at Glyn Ceiriog in 1957 *(205)*.

203 *Cadeirio T Llew Jones yn Eisteddfod Siop Lewis, Lerpwl, 1950.*

T Llew Jones being chaired at Lewis's Department Store Eisteddfod, Liverpool, 1950.

204 *Seremoni gadeirio Eisteddfod y Tabernacl, Amwythig, 1952.*

Chairing ceremony at Tabernacl Eisteddfod, Shrewsbury, 1952.

205 *Richard Ifor Morris, saer cadair Eisteddfod Powys, 1957.*

Richard Ifor Morris with the chair he made for the Powys Eisteddfod, 1957.

206 *Cadair Eisteddfod Genedlaethol*
     Llanrwst, 1951.

     National Eisteddfod chair,
     Llanrwst, 1951.

207 *Cadair Eisteddfod Genedlaethol*
     y Rhyl, 1953.

     National Eisteddfod chair,
     Rhyl, 1953.

DYLUNIWYD cadair gan Ellis Berwyn Evans ar gyfer Eisteddfod Bae Colwyn 1947 gyda'r bwriad o fod yn ddyluniad parhaol i gadair yr Eisteddfod Genedlaethol *(208)*. Roedd iddi gerfwaith ar y blaen a chefn uchel wedi ei orchuddio â lledr a'i addurno â draig foglynnog, oedd wedi ei lliwio'n goch am y tro cyntaf. Y ddraig, erbyn hyn, oedd y prif sumbol ar gadeiriau barddol, yn rhagori ar emblemau megis y Tair Pluen, y genhinen a dail y dderwen. Ym 1959, cydnabuwyd y Ddraig Goch ar y faner genedlaethol. Addaswyd dyluniad y gadair hon ar gyfer Eisteddfodau 1948, 1950, 1951, 1953, 1954 a 1955 a defnyddiwyd fersiwn symlach ar gyfer Eisteddfod Llangefni 1957 *(209)*.

Mae cadair 1951, a wnaed ar gyfer Eisteddfod Llanrwst, yn cynnwys draig ar ei sefyll wedi ei naddu yn y lledr a cherfiadau o frodorion De Amerig yn y pren *(206)*. Rhodd oedd y gadair gan Gymry Patagonia, er mai yng Nghymru y'i gwnaed, gan *W E Parry & Co.*, Porthaethwy. Y bardd buddugol oedd Brinli (Brinley Richards), a urddwyd yn Archdderwydd ym 1972. Ysgrifennodd awdl yn ymdrin â'r bygythiad i heddwch byd yn y cyfnod.

Mae'r gadair a gomisiynwyd ar gyfer Eisteddfod y Rhyl ym 1953 yn debyg iawn, a hefyd yn gynnyrch cwmni o Borthaethwy, Thomas Iorwerth Parry a William Jones *(207)*. Yr oedd yn rhodd gan P T Trehearn o'r Rhyl, ac fe'i gwnaed o dderw a roddwyd gan *J R Gordon & Co.*, Caer. Y flwyddyn ddilynol, yn Ystradgynlais, rhoddwyd y gadair gan W G Williams, Cenia.

208 *Rhaglen Eisteddfod Genedlaethol Bae Colwyn, 1947.*

Programme for the National Eisteddfod, Colwyn Bay, 1947.

IN 1947 Ellis Berwyn Evans designed a chair for Colwyn Bay which was apparently intended as 'a permanent design for the National Eisteddfod Chair' *(208)*. It had a carved front, leather upholstery and a tall back featuring an embossed dragon, for the first time coloured red. The dragon had become the dominant symbol on chairs, and had virtually eclipsed other emblems such as the Three Feathers, leek and oakleaves. In 1959 the Red Dragon was used on the national flag. The design of this chair was adapted and used in 1948, 1950, 1951, 1953, 1954 and 1955. A simplified version was produced for Llangefni in 1957 *(209)*.

The 1951 chair made for Llanrwst features a larger tooled rampant dragon and carvings of native South Americans *(206)*. It was donated by the Welsh of Patagonia, although made in Wales by W E Parry & Co. of Menai Bridge. It was won by Brinli (Brinley Richards), who became Archdruid in 1972, on a theme relating to the threat posed to world peace by conflicts of the time.

The chair commissioned for Rhyl in 1953 is very similar and was also made in Menai Bridge, by Thomas Iorwerth Parry and William Jones *(207)*. It was donated by Alderman P T Trehearn of Rhyl and used oak given by J R Gordon & Co. of Chester. The following year, at Ystradgynlais, the chair was donated by W G Williams of Kenya.

209 *Rhaglen Eisteddfod Genedlaethol Llangefni, 1957.*

Programme for the National Eisteddfod, Llangefni, 1957.

210 *Cadair Eisteddfod Llanuwchllyn,
1963.*

*Llanuwchllyn Eisteddfod chair,
1963.*

Llanuwchllyn 1963 *Llanuwchllyn*

ERBYN y cyfnod hwn, byddai rhai o'r eisteddfodau rhanbarthol yn cyflwyno cadeiriau cyfoes, a fasgynhyrchwyd, o'r math a ddisgrifiwyd fel 'dodrefn bwthyn'. Dro arall, byddai crefftwyr lleol ar gael i wneud rhywbeth addas. Yr oedd y gadair a gyflwynwyd yn Llanuwchllyn ym 1963 yn gadair draddodiadol, ddomestig yr olwg. Roedd yn fath cyffredin o gadair a gynhyrchwyd yng Nghymru ers diwedd y ddeunawfed ganrif ac o wneuthuriad arbennig mewn derw brodorol *(210)*. Enillwyd hi gan Griffith Jones, Bryneglwys a enillod gadair debyg ym 1967, gydag enw'r gwneuthurwr arni mewn inc, sef 'H G Roberts, Tŷ'r Ysgol, Glyndyfrdwy, Meirioneth'.

Enillodd Griffith Jones gymaint â thair ar ddeg o gadeiriau lleol, y gyntaf o fath traddodiadol yn Llanfachreth ym 1939, ac eraill a edrychai fel cadeiriau bob-dydd, heb hyd yn oed blac i'w gwahaniaethu yn gadeiriau barddol.

Er bod yr eistcddfodau mwyaf yn defnyddio crefftwyr lleol i greu cadeiriau, gwelwyd gwahaniaeth amlwg rhwng y cadeiriau rhanbarthol a'r rhai cenedlaethol yn y cyfnod. Efallai ei fod yn adlewyrchiad o chwaeth y comisiynwyr. Ar lefel ranbarthol, parhawyd i ffafrio'r gadair farddol nodweddiadol, megis cadair Griffith Williams *(211)* ar gyfer sir Fôn ym 1967. Ar lefel genedlaethol fodd bynnag, yr oedd disgwyliad am gadair fodern, syml ei dyluniad fel yr un a wnaed gan Huw Cedwyn Jones i Eisteddfod y Barri 1968 *(212)*.

211 Griffith Williams gyda chadair Eisteddfod Ynys Môn, 1967.

Griffith Williams with the Anglesey Eisteddfod chair, 1967.

BY this period, district *eisteddfodau* that wished to present a chair sometimes gave a contemporary and mass-produced example, often with a vaguely 'cottage' appearance. In a few cases, they were able to call on the services of a talented local craftsman to make something more appropriate. The chair given at Llanuwchllyn in 1963 was of the traditional domestic style made throughout Wales from the late-18th century onwards and was exceptionally well-executed in native oak *(210)*. It was won by Griffith Jones of Bryneglwys. He won a similar chair in 1967, which bears the ink inscription of the maker, 'H G Roberts, Tŷ'r Ysgol, Glyndyfrdwy, Merioneth'.

Griffith Jones won thirteen local chairs, the first a traditional type at Llanfachreth in 1939, with others indistinguishable from everyday upholstered armchairs, without even the benefit of a plaque.

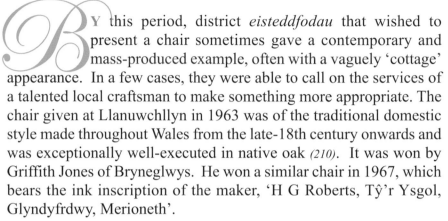

Even though the large *eisteddfodau* usually used local craftsmen, there was typically a marked distinction between chairs at regional and national events, reflecting perhaps the tastes of those who made the decisions at each level. The regionals continued to favour thc archetypal bardic chair, typified by the one made for Anglesey in 1967 by Griffith Williams *(211)*. At the National there was an expectation of a more modern article with a minimum of decoration, such as that produced by Huw Cedwyn Jones for Barry in 1968 *(212)*.

212 Huw Cedwyn Jones gyda chadair yr Eisteddfod Genedlaethol 1968.

Huw Cedwyn Jones with the National Eisteddfod chair, 1968.

213 Cadair Eisteddfod Trelew,
y Wladfa, tua 1965.

*Patagonia Eisteddfod chair,
Trelew, circa 1965.*

214 Seremoni gadeirio,
y Wladfa, 1965.

*Chairing ceremony,
Patagonia, 1965.*

CYNHYRCHWYD cadair ddiddorol ar gyfer Eisteddfod y Wladfa yn Nhrelew, Chubut, yr Ariannin, tua 1965 *(213)*. O ffurf a maint traddodiadol, yr oedd iddi gefn anghyffredin a unwyd â'r fframwaith gan brennau turniedig bychain. Fe'i gwnaed gan Hywel ap Cynan Jones a adwaenid yn lleol fel Jones Correro (Jones y Post). Yr oedd yn delegraffydd a anwyd yn y Gaiman ac yn saer celfi medrus. Disgrifir ei waith gan ei ferch (cyf.):

> Derbyniodd fy nhad yr her, ac am ei fod yn caru'r Andes gymaint, fe benderfynodd gynnwys ei chynnyrch ardderchog er mwyn creu darn a fyddai'n uno harddwch lleol â hanes. Bu'n chwilota yn ei weithdy am ddarnau gwahanol o bren: 'radal', 'bedwen', 'ciprés', 'lenga', 'alerce', 'calafate', a physwydden. Yr oeddent oll wedi dod o goedwigoedd a gerddi ei gymdogion Cymraeg (Freeman, Thomas, Roberts, Griffiths, Green) yn rhodd ganddynt dros y blynyddoedd ar gyfer ei grefft – byddwn yn aml yn clywed fy nhad yn dweud pethau fel "y bocs bach yna wnes i gyda phren ewythr Alun (Alun Coslet Thomas)". O'r diwedd, pan dderbyniodd pwyllgor yr Eisteddfod y gadair yn Nhrelew yr oedd cryn amser wedi mynd, er hynny yr oedd mewn pryd i'r ŵyl. Yr oedd aelodau'r pwyllgor wrth eu bodd â'r prydferthwch, y cytgord, y lliw, yr hanes a'r cariad a gyflëwyd yn y darn, a oedd hefyd yn adlewyrchiad o gyfnod y sefydlu: gwaith, gofal a pharch at adnoddau naturiol.

Defnyddiwyd y gadair ar gyfer seremonï'r cadeirio am flynyddoedd a rhoddwyd fersiwn finiatur yn wobr i'r bardd buddugol. Yn ddiweddarach, comisiynwyd cadair wahanol o faint arferol bob blwyddyn. Mae cadair Hywel yn dal yn eiddo i Bwyllgor yr Eisteddfod ac yn parhau i gael ei defnyddio mewn rhai seremonïau ac yn Eisteddfod yr Ieuenctid.

AN interesting chair was commissioned for the Patagonia Eisteddfod in Trelew, Chubut, Argentina, around 1965 *(213)*. Of traditional shape and proportions, it has an unusual back panel joined to the framework by tiny turned spindles. It was made by Hywel ap Cynan Jones who was known locally as Jones Correro (Jones Mail). He was a telegraph operator born in Gaiman, in the same region, and an accomplished cabinet-maker. His daughter described his work:

> Father accepted this challenge, and as he loved the Andes so much, he decided to display in it its noblest products and thus create a piece that would combine local beauty with history. He rummaged about his workshop for blocks of different kinds of wood: 'radal', 'birch', 'ciprés', 'lenga', 'alerce', 'calafate', and laburnum. They had all come from the forests and gardens of his Welsh neighbours (Freeman, Thomas, Roberts, Griffiths, Green) who throughout the years had given them to him as gifts to make his crafts - we would often hear father say things like "that small box I made with the wood uncle Alun gave me (Alun Coslet Thomas)". When the Eisteddfod board finally received the chair in Trelew many days had passed, but nevertheless it came in time for the oncoming festival. The board members were very pleased with the beauty contained in the harmony, colour, history, and love this work transmitted, which reflected the essence of the colonisation years: work, care and value of the natural resources.

The chair was used for the chairing ceremony for many years, with a miniature replica given to the winner. Later, a new full-size chair was commissioned each year, but Hywel's chair belongs to the Eisteddfod Committee and is still used for some of the ceremonies and for the Youth Eisteddfod.

215 *Rhaglen Eisteddfod Genedlaethol
Rhydaman, 1970.*

Programme for the National Eisteddfod,
Ammanford, 1970.

216 *Cadair pulpud estyllog,
tua 1700.*

Boarded pulpit chair, Carmarthenshire,
circa 1700.

Rhydaman 1970 Ammanford

ROEDD cadair drawiadol Eisteddfod Genedlaethol Rhydaman, 1970 o ddyluniad canoloesol, ond yn hynod gyfoes ei golwg gyda llinellau glân a syml *(215)*. Gorchuddiwyd hi â fformica ac fe'i hystyriwyd yn fodern gan yr enillydd, Tomi Evans a oedd yn falch o'i gadair. Nid oes fawr o saernïaeth draddodiadol yn perthyn i'r darn ac mae'r symbolaeth a'r addurn wedi eu cyfyngu i'r Nod Cyfrin amlwg, a oedd bellach yn ofynnol ar bob cadair a choron Genedlaethol.

Mae'r weithred syml o uno darnau mawr â'i gilydd yn un o'r dulliau mwyaf elfennol o lunio dodrefn ac fe'i defnyddiwyd i wneud cadeiriau ers canrifoedd *(216)*. Mae'r gwneuthuriad hwn yn fodd o greu cadeiriau o faint mawreddog a ddefnyddiwyd yn y gorffennol ar gyfer celfi o statws. Mae'r patrwm hefyd yn cynnig cyfle i siapio'r amlinelliad neu addurno arwyneb y prif ddarnau.

Derw brodorol fyddai'r dewis fel arfer ar gyfer cadeiriau eisteddfodol. Dyma'r deunydd traddodiadol ar gyfer gwneud dodrefn yng Nghymru, gydag arwyddocâd diwylliannol yn ogystal â derwyddol. Ond yn wyneb y chwilio parhaus am gynseiliau hanesyddol, mae'n syndod na welwyd cadeiriau lliwgar ynghynt i adleisio cadeiriau canoloesol ac i gydweddu â regalia'r Orsedd.

217 Cadeirio Tomi Evans yn Rhydaman, 1970.

Tomi Evans being chaired at Ammanford, 1970.

THE imposing chair produced for the National held at Ammanford in 1970 was of an ancient medieval design, but was also extremely contemporary in its clean and simple lines *(215)*. It was covered in formica and was certainly thought of as modern by the recipient, Tomi Evans, who approved of its appearance. Traditional woodworking craftsmanship is not much in evidence and the symbolism and decoration is confined to the prominent Mystic Mark, which now had to be included on every National chair and crown.

The simple joining together of slabs of material was the most basic way of making furniture and has been used on chairs for centuries *(216)*. It is capable of creating grandeur by virtue of the scale such construction makes possible, and has been used in the past for pieces of importance. The use of boards can also be decorative, in the outline shape if not in surface.

Oak, preferably native, has always been the overwhelming choice for eisteddfod chairs. It was the traditional material for furniture making in Wales and has cultural, not to mention druidic, associations. But in view of the constant search for historical precedents, it is perhaps surprising that bright and coloured finishes have not been used more often, since they immediately evoke a medieval appearance and accord with Gorsedd regalia.

218 *Rhaglen Eisteddfod Genedlaethol*
Hwlffordd, 1972.

Programme for the National Eisteddfod,
Haverfordwest, 1972.

Hwlffordd 1972 Haverfordwest

O'R 1960au, ysbrydolwyd rhai o gadeiriau'r Genedlaethol gan yr arddulliau dodrefn rhyngwladol mwyaf blaengar. Yng nghyd-destun yr Eisteddfod, yr oedd y rhain yn arloesol. Manteisiodd y dylunwyr ar hyblygrwydd deunyddiau newydd i greu ffurfiau gwahanol, yn ogystal â defnyddio technegau modern i uno rhannau.

Roedd cadair Eisteddfod Hwlffordd, 1972 yn dangos elfennau o gadair ganoloesol fframwaith-X ond yn gwbl gyfoes ei harddull (218). Fe'i henillwyd gan y Parch. Dafydd Owen, cyn-weinidog a aeth yn athro ac yn gyfieithydd.

Yng nghadair Caerfyrddin, 1974, cefnwyd ar hen ddulliau yn ei saernïaeth ac amlygwyd dylanwadau pensaernïaeth fodern y cyfnod (219). Mae ymgorfforiad amlwg y Nod Cyfrin yn arbennig o drawiadol. Cipiwyd y gadair gan athro arall, Moses Glyn Jones.

Bardd y gadair yn Eisteddfod Dyffryn Lliw ym 1980 oedd Donald Evans a fu hefyd yn llwyddiannus yng nghystadleuaeth y goron (220). Addaswyd dyluniad y gadair hon at ddigwyddiadau dilynol.

FROM the late 1960s, chairs made for the National were often inspired by the most advanced international furniture styles. In the context of the Eisteddfod, some of these were extremely innovative. As in other decorative arts, designers used the qualities of new materials to produce novel shapes, as well as using modern techniques to join together the constituent parts.

The chair produced for Haverfordwest in 1972 had something of the medieval X-frame as its base, but was wholly contemporary in its style (218). It was won by Revd Dafydd Owen, a former minister who became a teacher and translator.

The 1974 chair made for Carmarthen was a complete departure in terms of construction and showed the influences of modern architecture (219). The conspicuous incorporation of the Mystic Mark is particularly satisfying. It was won by another teacher, Moses Glyn Jones.

The chair presented at Dyffryn Lliw in 1980 was won by Donald Evans who also took the crown (220). This particular style was adapted and used at subsequent events.

219 *Rhaglen Eisteddfod Genedlaethol Caerfyrddin, 1974.*

Programme for the National Eisteddfod, Carmarthen, 1974.

220 *Rhaglen Eisteddfod Genedlaethol Dyffryn Lliw, 1980.*

Programme for the National Eisteddfod, Dyffryn Lliw, 1980.

1943–2008

221 *Rhaglen Eisteddfod Genedlaethol
Aberteifi, 1976.*

*Programme for the National Eisteddfod,
Cardigan, 1976.*

MBELL i flwyddyn gwelwyd cadeiriau o arddull fwy traddodiadol yn yr Eisteddfodau Cenedlaethol. Roedd cadair Aberteifi, 1976, a wnaed 800 mlynedd wedi'r eisteddfod wreiddiol yn y dref, yn yr arddull *antique* a gyfunai elfennau o sawl cyfnod *(221)*. Adlewyrchai gadeiriau o statws a ddefnyddiwyd mewn cyd-destun seremonïol neu swyddogol. Roedd iddi derfyniadau ar ffurf tyredau a oedd yn ychwanegiad cyffredin, a'r unig nodwedd oedd yn ei gwahaniaethu yn gadair eisteddfodol oedd y Nod Cyfrin amlwg. Alan Llwyd oedd bardd y gadair a'r goron y flwyddyn honno – camp a gyflawnodd hefyd dair blynedd ynghynt yn Rhuthun, lle enillodd gadair ar batrwm canoloesol Cyfandirol.

Yn Wrecsam ym 1977, roedd y gadair ar arddull Glasurol, unwaith eto wedi ei gwahaniaethu gan y Nod Cyfrin a lleoliad yr Eisteddfod *(222)*. Enillydd y gadair a'r goron oedd Donald Evans.

Defnyddiwyd ffurf hynafol y fframwaith-X eto, ond ar drefniant gwahanol, yn sir Fôn, ym 1983 *(223)*. Roedd y dyluniad o'r ddraig a'r genhinen ar gefn y gadair yn adleisio'r cyfnod cyn y rhyfel. Einion Evans, enillydd cyson mewn nifer o eisteddfodau, a gipiodd y gadair.

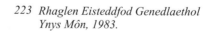

222 *Rhaglen Eisteddfod Genedlaethol Wrecsam, 1977.*

Programme for the National Eisteddfod, Wrexham, 1977.

N some years more traditional styles were provided at National level. The Cardigan chair of 1976, made 800 years after the original eisteddfod in the town, was distinctly 'antique', typically combining features from a number of periods *(221)*. It resembled chairs of status used in other ceremonial or official contexts, distinguished by a striking Mystic Mark that was flanked by turret finials, which were a common addition. The chair was won by Alan Llwyd, who also won the crown that year. He had also taken both honours at Ruthin three years previously, winning a chair of a medieval and Continental pattern.

The Wrexham chair of 1977 was of a Classical style, once more distinguished by the Mystic Mark and the location of the Eisteddfod *(222)*. This was won by Donald Evans who also won the crown.

A similar archaic X-frame base, but arranged differently, was used at Anglesey in 1983 *(223)*. The design of the back harked back to the pre-war years and featured a dragon and leek. It was won by Einion Evans, a winner of numerous prizes at various *eisteddfodau*.

223 *Rhaglen Eisteddfod Genedlaethol Ynys Môn, 1983.*

Programme for the National Eisteddfod, Anglesey, 1983.

225 *Ysgol Cwm Nantcol.*
Cwm Nantcol School.

224 *Cadeiriau miniatur a enillwyd*
yn Eisteddfod Nantcol ac,
ail o'r chwith, Eisteddfod Chwilog.

Miniature chairs won at Nantcol
Eisteddfod and, second from left,
Chwilog Eisteddfod.

GWNAED y cadeiriau cynharaf trwy ddefnyddio darn o bren ar gyfer y sedd, tri neu bedwar coedyn yn goesau a darn arall o bren drwy'r sedd yn gefn. Cynhyrchwyd y math yma o gadair yng Nghymru am fil o flynyddoedd a gwelir enghreifftiau mewn siopau crefftau heddiw lle gwerthir hwy fel 'cadeiriau nyddu'. Dyfarnwyd ffurfiau miniatur mewn eisteddfodau rhanbarthol, am eu bod yn gymharol rad i'w cynhyrchu ac yn gwbl addas.

Enillodd y bardd o Ryd-y-main, Rheinallt Griffith, enghreifftiau o'r cadeiriau hyn yn Nantcol ym 1980, 1981 a 1984. Maent yn cael eu harddangos yn ei gartref, ar y ddresel a wnaed ar gyfer priodas ei daid a'i nain *(224)*. Yn wreiddiol, cynhaliwyd yr eisteddfod yn Ysgol Cwm Nantcol bob mis Chwefror ond bu'n rhaid ei symud i Lanbedr o ganlyniad i'r eira blynyddol. Gwneuthurwr y cadeiriau oedd Gwyn Saer, o ardal Harlech, a oedd yn saer ac yn drefnydd angladdau. Dyma'n union y math o grefftwr a fyddai ar gael i gynhyrchu dodrefn ar gyfer ei gymuned yn y gorffennol. Gwnaed enghraifft fwy o faint gan Huw Sêl (Huw Selwyn Owen), o Ysbyty Ifan, ar gyfer eisteddfod yn Nhalsarnau ym 1973 *(226)*.

Enillodd Rheinallt Griffith gadair finiatur arall, ond ar ddyluniad cyffredin, yn Eisteddfod Gadeiriol Chwilog 1994. Yn yr un ystafell, yn ei gartref, mae cadeiriau a enillodd ei dad-yng-nghyfraith, a'i athro, Griffith Jones, Bryneglwys. Rhoddir lleoliad arbennig i arddangos cadair arall a enillodd Rheinallt yn Llanfachreth yn 2007. Cadair wedi ei chynhyrchu yn y 'steil-bwthyn' ydyw ond mae iddi gryn arwyddocâd i Rheinallt gan iddo ei hennill yn ei eisteddfod leol yn erbyn ymgeiswyr o ddalgylch eang. Beirniad y gystadleuaeth oedd y prifardd John Gwilym Jones, enillydd yn y Genedlaethol ym 1981. Urddwyd ef yn Archdderwydd ym 1993.

ONE of the most ancient styles of chair is formed by using a simple slab of timber as the seat, raised on three or four stick legs, with another slab fixed through from the top to form the backrest. This type has been made in Wales for a thousand years and is still produced for craft shops where it is sold as a 'spinning chair'. Miniature forms have often been given at district *eisteddfodau*, being relatively cheap to produce yet seen as wholly appropriate.

The Rhyd-y-main (near Dolgellau) poet Rheinallt Griffith won examples at Nantcol in 1980, 1981 and 1984 and displays them on the family dresser made for his grandparents' wedding *(224)*. The event was formerly held in Cwm Nantcol School in February each year, but was often difficult to reach because of snow and was later transferred to Llanbedr. The chairs were made by Gwyn Saer, from the Harlech area, who was a carpenter and undertaker and exactly the type of all-round village craftsman that had produced this style of furniture in the past for members of the local community. A slightly larger example was made by Huw Sêl (Huw Selwyn Owen) of Ysbyty Ifan for an eisteddfod in Talsarnau in 1973 *(226)*.

Rheinallt Griffith also won a tiny chair of the more usual design for modern miniatures, which was made for the Chwilog Chair Eisteddfod in 1994. The same room also houses chairs won by his father-in-law and mentor, Griffith Jones, Bryneglwys. Pride of place is given to the chair he himself won at Llanfachreth in 2007. This is a manufactured cottage-style chair, which holds particular importance because it was won at his local event against competitors from a wide area. The contest was adjudicated by John Gwilym Jones, who had won the National in 1981 and became Archdruid in 1993.

226 Cadair Eisteddfod Talsarnau, 1973.
Talsarnau Eisteddfod chair, 1973.

227 Cadair Eisteddfod Genedlaethol
y Rhyl, 1985.

*National Eisteddfod chair,
Rhyl, 1985.*

228 Rhaglen Eisteddfod Genedlaethol
y Rhyl, 1985.

*Programme for the National Eisteddfod,
Rhyl, 1985.*

Y Rhyl 1985 Rhyl

MAE cadeiriau'r Genedlaethol dros y genhedlaeth ddiwethaf yn amrywiol iawn ac, ar y cyfan, yn symlach eu golwg i gyd-fynd â dyluniadau ehangach. Dyluniwyd cadair gain, fodernaidd Eisteddfod y Rhyl, 1985 gan Andrew Lloyd o Ddinbych ac fe'i cyflwynwyd gan gwmni Pilkingtons o Lanelwy, lle y cynhyrchwyd y plac gwydr *(227)*. Robat Powel oedd yr enillydd y flwyddyn honno, y tro cyntaf i ddysgwr hawlio'r fraint.

Yn Llanbedr Pont Steffan y flwyddyn flaenorol, gwnaed y gadair gyfoes gan Gwilym Price, brodor o'r dref, ac addaswyd ei dyluniad at sawl achlysur arall *(229)*.

Yr oedd cadeiriau Eisteddfodau Abergwaun, 1986 a Phorthmadog, 1987 a ddyluniwyd gan Paul Andrews a Maldwyn Thomas, hefyd yn fodern, ond o fesuriad traddodiadol *(230, 231)*. Mae gan y ddwy gadair seddi sydd wedi eu siapio, a oedd yn nodwedd anghyffredin mewn cadeiriau traddodiadol. Byddai hyn yn creu cadair esmwythach heb yr angen am glustog a fyddai wedi cuddio'r pren.

NATIONAL chairs over the last generation have become incredibly varied and, on the whole, simpler in their lines in accordance with wider design trends. The elegant modernist chair made for Rhyl in 1985 was designed by Andrew Lloyd of Denbigh and presented by Pilkingtons of St Asaph, where the glass plaque at the top was produced *(227)*. It was won by Robat Powel, the first Welsh learner to claim the honour.

The previous year, at Lampeter, the chair had been made by Gwilym Price of the town in a contemporary style, which was used with variations at a number of events *(229)*.

The 1986 Fishguard and 1987 Porthmadog chairs were also modern but of more traditional proportions and were designed by Paul Andrews and Maldwyn Thomas respectively *(230, 231)*. Both have shaped seats, which was rare on traditional chairs, giving comfort without the need for a cushion, which would have obscured the timber.

229 Gwilym Price gyda chadair yr Eisteddfod Genedlaethol 1984.

Gwilym Price with the National Eisteddfod chair, 1984.

230 Rhaglen Eisteddfod Genedlaethol Abergwaun, 1986.

Programme for the National Eisteddfod, Fishguard, 1986.

231 Rhaglen Eisteddfod Genedlaethol Porthmadog, 1987.

Programme for the National Eisteddfod, Porthmadog, 1987.

232 *Huw Sêl yn ei weithdy gyda chadair yr Eisteddfod Genedlaethol 1989.*

Huw Sêl in his workshop with the National Eisteddfod chair, 1989.

233 *Huw Sêl gyda chadeiriau eisteddfodol miniatur.*

Huw Sêl with miniature eisteddfod chairs.

Llanrwst 1989 Llanrwst

YN Eisteddfodau Casnewydd, 1988 a Llanrwst, 1989, gwelwyd cadeiriau tipyn mwy traddodiadol *(232)*. Saer cadair Llanrwst oedd Huw Sêl, crefftwr nodedig a gynhyrchodd ddodrefn yn y steil *antique* o'i weithdy bychan ger ei gartref ymhellach i fyny'r dyffryn. Fel y cadeiriau a gynhyrchwyd ar ddechrau'r ganrif, defnyddiodd elfennau o wahanol ffynonellau hanesyddol gyda llythrennu cain yn ogystal a'i ddehongliad ef o bont adnabyddus Llanrwst yng nghrib y gadair. Yn wahanol i wneuthurwyr cadeiriau modern y Genedlaethol, cynhyrchodd Huw Sêl gadeiriau mawr a bach ar gyfer eisteddfodau taleithiol a lleol, gan gadw at batrymau traddodiadol. Ers canrif a mwy, mae cadeiriau'r Genedlaethol wedi ymgorffori syniadau a ystyriwyd yn bwysig i ganran ddethol o'r gymdeithas ddiwylliedig ar y pryd. Roeddent yn aml yn eclectig ac ni chafodd eu nodweddion eu hailddefnyddio eto. Ond dangosodd y cadeiriau eisteddfodol lleol fwy o barhad yn y dull traddodiadol o wneud cadair, gydag ychwanegiadau ar ffurf symbolau cenedlaethol.

Ym 1990, gwnaed cadair draddodiadol gan saer celfi lleol arall, Theodore Davies, Glyn Ceiriog, ar gyfer Eisteddfod Dyffryn Conwy – un o'r ychydig ddigwyddiadau rhanbarthol sy'n dal i ddyfarnu cadair o faint arferol. Mae'n cynnwys llawer o elfennau a welwyd yn y 1890au ond a oedd yn nodweddiadol fodern ar yr un pryd *(gweler plât 29)*.

Huw Sêl, a oedd ei hun yn fardd medrus, oedd yn gyfrifol am gadair 1989. Fe'i gwnaed o drawst derw a achubwyd o adeilad oedd yn dyddio i tua 1400 a dcfnyddiodd Huw yr un pren i wneud cadair finiatur i Gymdeithas Madog, Wisconsin, UDA *(234)*. Cyflwynir y gadair hon yn flynyddol i'r myfyriwr buddugol sy'n astudio'r cwrs Cymraeg.

A much more traditional style was seen at Newport in 1988 and at Llanrwst in 1989 *(232)*. The latter was made by Huw Sêl, a craftsman of some distinction who produced furniture in antique styles from a small workshop at his home higher up the valley. As with examples produced earlier in the century, he incorporated features drawn from a variety of historical sources, and combined them with fine lettering as well as a rendition of the famous Llanrwst bridge in the crest. Unlike many of the designers of modern National chairs, Huw Sêl regularly produced both full-size and miniature chairs for provincial and district *eisteddfodau*, which tended to favour the traditional patterns. For over a century, chairs made for the National have accommodated ideas felt to be important by a cultural elite at the time. They have often been eclectic and their features not always repeated. Those produced for local events have shown more continuity with the traditional approach to making a solid chair, with the occasional addition of national symbols.

In 1990 another local furniture maker, Theodore Davies of Glyn Ceiriog, made a chair of the traditional type for the Dyffryn Conwy Eisteddfod, one of the few regional events which still present a full-size chair. It incorporated many of the features of the 1890s, but with a distinctly modern feel *(see plate 29)*.

Huw Sêl, himself an accomplished poet, made the 1989 chair from an oak beam salvaged from a building of circa 1400, and used the same timber to make a miniature for Cymdeithas Madog of Wisconsin, USA *(234)*. This is presented each year to the winning entry submitted by students on their Welsh language course.

234 Cadair eisteddfodol miniatur, Wisconsin, 1989.
Miniature eisteddfod chair, Wisconsin, 1989.

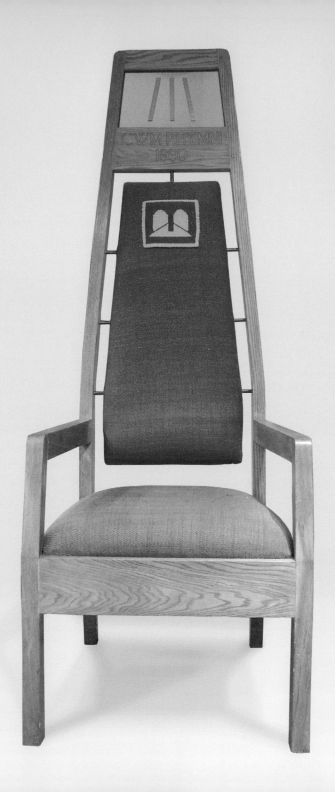

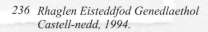

235 *Cadair Eisteddfod Genedlaethol
Cwm Rhymni, 1990.*

National Eisteddfod chair,
Rhymney Valley, 1990.

236 *Rhaglen Eisteddfod Genedlaethol
Castell-nedd, 1994.*

Programme for the National Eisteddfod,
Neath, 1994.

Cwm Rhymni 1990 Rhymney Valley

ERBYN 1990, yr oedd rhai elfennau yn nyluniad cadeiriau'r Genedlaethol bellach yn sefydledig, er na ddilynwyd y rhain yn flynyddol. Dylai'r gadair fod yn esmwyth gyda chefn uchel a fyddai'n arddangos y Nod Cyfrin uwch ben y bardd. Byddai'r llythrennu yn dangos lleoliad a dyddiad y brifwyl, naill ai ar ran uchaf y cefn neu ar y blaen, o dan y sedd. Weithiau ychwanegwyd emblem a gynrychiolai'r ardal. Roedd disgwyl i'r dylunydd esbonio'r dewis o ddeunyddiau a'r elfennau yn y dyluniad a'u perthnasedd i ardal yr Eisteddfod.

Roedd y gadair a ddyluniwyd gan Ceri Vale ar gyfer Eisteddfod Cwm Rhymni 1990 yn cyflawni hyn oll, gyda'r Nod Cyfrin o ddur mewn gwydr, yn adlewyrchiad o dreftadaeth mwyngloddio'r ardal *(235)*. Gwnaed y gadair o bren derw goch Americanaidd a'i chlustogi â brethyn Cymreig gyda logo yn cynrychioli traphontydd y cwm. Roedd Vale, myfyriwr dylunio ar ei flwyddyn raddio, yn 'benderfynol o gefnu ar ddyluniadau trwm, addurniedig y gorffennol' a chynhyrchu cadair ysgafn ei golwg a oedd yn 'frenhinol ac ymarferol'. Gobeithiai y byddai'n 'parhau i sefyll yng nghartref yr enillydd yn hytrach na seler amgueddfa neu gyntedd neuadd drefol [cyf.]'. Enillydd y gadair oedd Myrddin ap Dafydd.

Yng Nghastell-nedd, ym 1994, gwnaed y gadair gan Tim Wade a'i chyd-ddylunio gan Alison Duffell *(236)*. Bu Wade yng ngofal y Ganolfan Crefftau Coetiroedd yn Llanafan lle bu'n archwilio'r berthynas rhwng rheoli coetiroedd yn gyfrifol a diogelu'r dirwedd a defnyddio coed mewn cynhyrchion penodol, fel dodrefn. Dysgodd hen dechnegau crefft megis llosgi golosg ac adeiladu cwryglau a'i gred oedd y dylai'r cyfoes hanu o'r traddodiadol. Enillydd ei gadair gyfforddus oedd Emyr Lewis.

BY 1990 certain design considerations for a National chair seemed to have become established. Although these were not adhered to every year, the chair was to be comfortable with a tall back which could display the Mystic Mark above the sitter's head. Lettering showing the place and date of the event was either placed at the top of the back or beneath the front of the seat. Occasionally, an emblem representing the location was added. The designer was to explain their choice of both materials and design elements, in terms of their relevance to the locality in which the event was held.

The chair designed by Ceri Vale for Rhymney Valley in 1990 fulfilled all of these criteria, with the Mystic Mark set in glass and made of steel, to represent the metallurgical heritage of the district *(235)*. The chair was made of American red oak and upholstered in cloth woven from Welsh wool, and bore a logo representing the many viaducts of the valley. Vale, a final-year design student, was 'determined to get away from the clunky, ornate designs of the past' and produce a chair which was light in appearance and 'both regal and functional'. He hoped that it 'would remain in the home of the winner, as opposed to a museum basement or a town hall foyer'. The chair was won by Myrddin ap Dafydd.

The Neath chair in 1994 was made by Tim Wade and co-designed with Alison Duffell *(236)*. Wade ran a Woodland Skills Centre in Llanafan where he explored 'the relationship between responsible woodland management and landscape protection with the use of timber in specific end products, such as furniture'. He taught ancient craft techniques, from charcoal burning to coracle building, believing that 'the contemporary should come out of the traditional'. His comfortable chair was won by Emyr Lewis.

237 *Cadair Eisteddfod Genedlaethol
     Abergele, 1995.*

     *National Eisteddfod chair,
     Abergele, 1995.*

238 *Cadeirio Tudur Dylan Jones
     yn Abergele, 1995.*

     *Tudur Dylan Jones being chaired
     at Abergele, 1995.*

Abergele  *1995* *Abergele*

R oedd y gadair a wnaed gan Goronwy Parry o Lysfaen ar gyfer yr Eisteddfod yn Abergele ym 1995 o fath traddodiadol gyda chefn panelog anghyffredin *(237)*. Yn ôl yr arfer, yr oedd o bren brodorol Gymreig, wedi ei gyboli i'r lliw golau gan mai dyna'r ffasiwn gyfoes ar gyfer dodrefn a'r farn fodern am ymddangosiad pren derw. Y flwyddyn honno cafodd yr Archdderwydd, John Gwilym Jones, y pleser o gyflwyno'r goron i'w frawd, Aled Gwyn Jones, a'r gadair i'w fab, Tudur Dylan Jones. Mae Tudur Dylan yn enillydd sawl cadair sy'n cael eu harddangos a'u defnyddio yn ei gartref. Yn eu plith mae un enghraifft arbennig ar gynllun cadair ganoloesol ffrâm-X, a wnaed gan John Adams o Aberteifi. Cyflwynwyd y gadair hon iddo ym 1992, yng Ngŵyl Fawr flynyddol Aberteifi *(gweler plât 30)*. Yn yr un flwyddyn, enillodd gadair arian finiatur a wnaed gan Myles Pepper, Abergwaun, un o gyfres a ddyfarnwyd yn Eisteddfod ranbarthol Llanbedr Pont Steffan.

Ym 1996 yn Llandeilo, cipiwyd y gadair gan R O Williams, tad-yng-nghyfraith Tudur Dylan. Gwnaed y gadair gan y pregethwr a'r saer, Y Parch. T Alwyn Williams, a fu farw'n fuan ar ôl cyflawni'r gwaith *(239)*. Yr oedd yn ddyluniad anarferol yn y cyfnod, a ddefnyddiai goed o'r hen bont a groesai afon Tywi, a gynlluniwyd gan John Nash yn y 1790au ond a ddinistriwyd gan lifogydd ym 1845.

T HE chair made by Goronwy Parry of Llysfaen for the National Eisteddfod at Abergele in 1995 was of quite traditional appearance and had an unusual multi-panelled back *(237)*. As had become the norm, it was in Welsh timber finished to the pale colour which was the contemporary taste in furnishing and the modern idea of the correct appearance of oak. The Archdruid, John Gwilym Jones, had the distinction of presenting the crown to his brother, Aled Gwyn Jones, and this chair to his own son, Tudur Dylan Jones. Tudur Dylan is the winner of a number of chairs, which are on display and in use in his home. A particularly fine example of the medieval X-frame design, made by John Adams of Cardigan, was presented to him in 1992 at the annual *Gŵyl Fawr* held in the town *(see plate 30)*. In the same year he won a miniature silver chair, made by Myles Pepper of Fishguard, one of a series presented at the regional Lampeter Eisteddfod.

In 1996 at Llandeilo, Tudur Dylan's father-in-law, R O Williams, won the chair. The Llandeilo chair was made by the preacher and carpenter Revd T Alwyn Williams, who died shortly after its completion *(239)*. The design was unusual for this period, and used wood from the bridge over the Towy that was designed by John Nash in the 1790s and destroyed by floods in 1845.

239 *Rhaglen Eisteddfod Genedlaethol Llandeilo, 1996.*

Programme for the National Eisteddfod, Llandeilo, 1996.

240   *Cadair Eisteddfod Genedlaethol Dinbych, 2001.*

National Eisteddfod chair, Denbigh, 2001.

241   *Cadeirio Mererid Hopwood, Dinbych, 2001.*

Mererid Hopwood being chaired at Denbigh, 2001.

Dinbych  2001 Denbigh

OEDD merched eisoes yn enillwyr coronau a medalau rhyddiaith yn yr Eisteddfod Genedlaethol, er yn anfynych. Ond yn 2001, enillodd merch y gadair am y tro cyntaf erioed *(240, 241)*. Y lleoliad oedd Dinbych, lle ym 1882 y derbyniwyd merched i'r Orsedd am y tro cyntaf. Y bardd buddugol oedd Mererid Hopwood, a ddisgrifiodd y profiad: 'Pan on i yn y tywyllwch yn y pafiliwn yn gwrando ar y feirniadeth a wedyn, yn gwrando ar yr Archdderwydd Meirion yn galw fy ffugenw, "Llygad y Dydd", alla i fod yn siŵr fod 'na neb yng Nghymru yn fwy nerfus nag on i'n teimlo y prynhawn hwnnw. Odd e'n brofiad bythgofiadwy. Ma'r Corn Gwlad yn atsain a ma'r dorch fawr a'r llifoleuade'n dod i chwilio amdanoch chi, a wedyn ma rhaid penderfynu – codi. A wedyn wrth gwrs ma pawb yn troi pen i weld pwy sy' wedi codi a dw i'n credu mai dyna'r eiliad ych chi'n sylweddoli, "'O diar mi!", ma lot o sylw yn dod yn sgil ennill rywbeth fel 'na.' Enillodd y bardd goron Meifod yn 2003 a'r fedal rhyddiaith yng Nghaerdydd yn 2008, un o'r ychydig i gyflawni'r fath gamp. Cyfunai'r gadair elfennau traddodiadol a chyfoes ac ymdebygai i ffurf cadair y flwyddyn flaenorol yn Llanelli (a oedd, fodd bynnag, yn fwy gwreiddiol ei harddull).

Gwnaed cadair Llanelli o ffawydden goch, pren a fewnforiwyd o daleithiau deheuol Amcrica ar raddfa fawr yn niwedd y bedwaredd ganrif ar bymtheg *(242)*. Yr oedd yn bren a oedd yn para'n dda ac a ffafriwyd ar gyfer dodrefnu ysgolion a chapeli. Dyluniwyd a saernïwyd y gadair gan athro lleol, Arnold James, a chyflwynwyd hi gan gapel Tabernacl er cof am y cyn-weinidog, Gwyndaf. Eglurodd James yn y *Llanelli Star* (cyf.): 'Gwnaed y gadair o bren o'r capel ei hun ac wrth ei dylunio cefais fy ysbrydoli gan nifer o ddylanwadau o'm hatgofion o weithfeydd diwydiannol yr ardal - y tanau, y lliwiau, y sŵn, y mwg. Ond wrth gwrs, erbyn heddiw, gwair gwyrdd a choed sydd i'w gweld lle bu unwaith ddiffeithwch diwydiannol.'

OMEN had won the crown and prose medal at the National Eisteddfod, though rarely, but 2001 saw the first female winner of the chair *(240, 241)*. The location was Denbigh, where in 1882 women had been first admitted into the Gorsedd. The victor was Mererid Hopwood, who described the experience (trans.): 'It was very dark, as the pavilion is, just before the pseudonym, or the *nom de plume*, of the winning poet is announced and through that darkness comes the name, in my case "*Llygad y Dydd*" which is "Daisy" (or the day's eye as we still call it in Welsh). And then the trumpet sounds the notes that are the cue for the poet to stand. At that particular moment I can be quite sure that there was no-one in Wales who felt quite as afraid as I did.' The poet won the crown at Meifod in 2003 and the medal at Cardiff in 2008, one of only a few individuals to have achieved all three awards. The 2001 chair combined traditional and modern features and was of the same overall shape as the previous year's awarded at Llanelli (which was, however, more novel in style).

The Llanelli chair was made of pitch pine, a timber imported from the southern states of America in vast quantities in the 19th century *(242)*. Hard-wearing, it was favoured for fittings and fixtures in schools and chapels. The chair was designed and made by a local teacher, Arnold James, and presented by Tabernacl Chapel in memory of Gwyndaf, a former minister. James explained to the *Llanelli Star*: 'The Chair has been made from wood from the chapel itself and whilst designing it I took inspiration from numerous influences from my memories of the industrial works of the area – the fires, the colours, the noise, the smoke. But of course, by today, it is green grass and trees that are emerging where there was once an industrial desert.'

242 *Rhaglen Eisteddfod Genedlaethol Llanelli, 2000.*
Programme for the National Eisteddfod, Llanelli, 2000.

243 Cadair Eisteddfod Genedlaethol
     Tyddewi, 2002.

     National Eisteddfod chair,
     St David's, 2002.

244 Cadeirio Myrddin ap Dafydd yn
     Nhyddewi, 2002.

     Myrddin ap Dafydd being
     chaired at St David's, 2002.

WAITH athro celf hefyd, a'r mwyaf dadleuol ers blynyddoedd, oedd y gadair a gyflwynwyd yn Nhyddewi yn 2002 *(243)*. Robert Jones oedd ei gwneuthurwr ac mae'n herio pob dosbarthiad yn nhermau dodrefn. Fel cadeiriau cyfoes eraill, cynrychiolai driniaeth y cerflunydd yn hytrach na'r saer dodrefn gan gynnwys y deunyddiau hynny oedd yn rhan o waith dysgu Jones, megis metelau a deunyddiau synthetig yn ogystal â derw ar gyfer y sedd. Mewn cyfweliad â'r BBC, dywedodd y gwneuthurwr bod y gadair yn cynrychioli ymdrech bywyd a newid cymdeithasol yn y sir. Ychwanegodd (cyf.): 'Mae'r gwaelod yn cynrychioli'r ddaear neu'r hyn sy'n creu bywyd. Ar yr ochr dde mae 'na goeden sef y ddraenen ddu. Yn fy llygaid i, y goeden yw'r bobl am iddynt orfod byw ar y nesa peth i ddim. Yng Nghymru, mae'r bobl wedi gorfod plygu neu newid.'

Mae un ochr ar ffurf croes Geltaidd a welir ar gerrig coffa'r cyfnod Cristnogol Cynnar yn sir Benfro, ac mae Jones wedi arysgrifo ei enw mewn sgript Ogam ar y goes flaen. Mae'r cefn tal yn cynnwys cerdd gan Jones yn deyrnged i'r bardd buddugol, Myrddin ap Dafydd (a edmygai y noddwyr, cangen sir Benfro o Undeb Amaethwyr Cymru, am gymeradwyo darn mor arloesol).

Ychwanegodd Myrddin hiwmor at y seremoni wobrwyo drwy ddewis y ffugenw 'Pawb yn y Pafiliwn'. Bu'n destun chwerthin wrth i'r Archdderwydd ofyn i'r enillydd sefyll i gael ei hebrwng i'r llwyfan.

THE 2002 chair presented at St David's was also the work of a craft teacher and was the most controversial of modern times *(243)*. It was made by Robert Jones, and defies categorization in furniture terms. Like others from this era it represents the approach of the sculptor rather than chairmaker and uses, besides oak for the seat, the metals and synthetic materials Jones employs in his teaching. The maker told the BBC that the chair represents the 'struggles of life and social change' in the county. He added that 'The base itself represents the earth or what gives life. On the right hand side is a tree which is a blackthorn tree. In my eyes I have made the tree the people because they have had to live off a meagre existence. In Wales the people have had to bend or change.'

One side is formed of the Celtic cross seen on Early Christian memorial stones in Pembrokeshire, and Jones has inscribed his name in ancient Ogham script on the front leg. The tall shaped back has his own poem as tribute to the successful bard, Myrddin ap Dafydd (who appreciated the sponsors, the Pembrokeshire branch of the Farmers' Union of Wales, approving such an innovative piece).

The bard added humour to the award by adopting the pseudonym '*Pawb yn y Pafiliwn*' (Everyone in the Pavilion). The Archdruid's request for him to stand and be escorted to the stage was met with laughter.

245 *Cadair Eisteddfod Genedlaethol
Meifod, 2003.*

*National Eisteddfod chair,
Meifod, 2003.*

AE Robert Morgan o Lanbryn-mair yn ei ddisgrifio ei hun fel 'ffermwr rhan fwyaf o'r amser a saer yn fy amser sbâr'. Mewn gwirionedd, mae'n saer dodrefn o fri sy'n cynhyrchu darnau unigryw yn ôl y gofyn. Defnyddia dechnegau traddodiadol a derw lleol sydd, yn ei farn ef, yn dangos 'mwy o gymeriad yn y graen'. Comisiynwyd ef i lunio cadair Eisteddfod Genedlaethol 2003 gan gangen sir Drefaldwyn o Undeb Cenedlaethol yr Amaethwyr, a gyflwynwyd gyda gwobr ariannol o £750.

Yr oedd yn gadair fodern fel a welwyd mewn nifer o Eisteddfodau diweddar *(245)*. Mae ganddi gefn tal o wneuthuriad blaengar gyda'r coesau cefn yn parhau i ffurfio ochrau'r panel cefn enfawr sy'n ymestyn dros ymyl y grib. Esboniodd Morgan y dyluniad yn y *Cambrian News* (cyf.):

> Roeddwn yn awyddus i gynnwys sir Drefaldwyn gyfan yn y gadair. Rwy'n un o Lanbryn-mair, daw'r derw o Feifod a'r ysbrydoliaeth am y darn oedd yr hen Senedd-dy ym Machynlleth, lle llywodraethai Owain Glyndŵr ar un adeg, a'r cloc yng nghanol y dref farchnad. Roeddwn yn awyddus hefyd i amlygu graen prydferth y pren derw, sy'n cael ei bwysleisio yn ffurf dal, drawiadol cefn y gadair. Mae'r grib gron hefyd yn adlewyrchu cyfnod Owain Glyndŵr. Teimlwn fod angen cadair drawiadol, gref am ei bod yn ganolbwynt i lwyfan yr Eisteddfod drwy gydol yr wythnos.

Mae Robert Morgan wedi llunio cadeiriau barddol eraill, gan gynnwys cadeiriau miniatur *(246)* a chadeiriau o faint cyffredin ar gyfer Bangor ac Eisteddfod Powys a gynhaliwyd ym Machynlleth yn 2004.

OBERT Morgan of Llanbryn-mair describes himself as 'a farmer most of the time and a carpenter in my spare time'. He is in fact an accomplished furniture maker, mainly producing one-off pieces to order. He uses traditional constructional techniques and locally-sourced oak timber which he believes has 'more character in the grain'. The Montgomeryshire branch of the National Farmers' Union commissioned him to make the chair for the 2003 National, which they presented with a £750 cash prize.

The chair was of the modern design seen in others at recent *Eisteddfodau (245)*. The towering back has an innovative construction, with the back legs continuing upwards to form the sides of the massive back panel which itself overlaps the top. Morgan was reported in the *Cambrian News* as saying of the design:

> I was keen to encompass all of Montgomeryshire in the whole chair. I am from Llanbrynmair, the oak was taken from Meifod and the inspiration for the design was the old Senate in Machynlleth, where Owain Glyndŵr once reigned, together with the clock in the centre of the market town. I was keen to highlight the beautiful grain of the oak, which is emphasized in the tall striking shape of the back of the chair. The rounded peak at the top of the chair also reflects Owain Glyndŵr's period. I felt you needed a strong striking shape to the chair as it is the focal point on the Eisteddfod stage during the whole week.

Robert Morgan has made other bardic chairs, including miniatures *(246)* and full-size models for Bangor and the Powys Eisteddfod held at Machynlleth in 2004.

246 *Cadair eisteddfodol miniatur, 1990.*

Miniature eisteddfod chair, 1990.

247 *Cadair Eisteddfod Genedlaethol Caerdydd, 2008.*

National Eisteddfod chair, Cardiff, 2008.

248 *Rhaglen Eisteddfod Genedlaethol yr Wyddgrug, 2007.*

Programme for the National Eisteddfod, Mold, 2007.

Caerdydd 2008 Cardiff

ROEDD cadeiriau'r Genedlaethol yn yr Wyddgrug yn 2007, ac yng Nghaerdydd yn 2008, ar batrwm traddodiadol ond gyda chefnau gwreiddiol. Dyluniwyd a gwnaed cadair yr Wyddgrug gan Ian a Graham Pickstock, a oedd yn byw yn yr ardal (248). Defnyddiwyd derw ac onnen o ystâd Mostyn, hefyd yn sir y Fflint, a bwriad y dyluniad oedd portreadu tirlun Moel Famau a Bryniau Clwyd.

Dyluniwyd cadair Caerdydd gan ferch o'r ddinas, Bethan Gray, dylunydd i gwmni Habitat yn Llundain, ac fe'i gwnaed gan Alex Macdonald o Ddinbych-y-pysgod (247). O fewn y patrwm ar gefn y gadair ceir adlais o'r Nod Cyfrin. Mae'r derw Cymreig wedi ei staenio'n ddu er mwyn pwysleisio'r 'natur graffig' yn y darnau bychain o bren. Mae'n gysyniad modern, er bod dodrefn yn y gorffennol wedi eu staenio'n dywyll er mwyn creu golwg hynafol. Cipiwyd y gadair gan Hilma Lloyd Edwards, enillydd dros hanner cant o gadeiriau a choronau mewn cystadlaethau ar draws y wlad. Bu'n aelod o'r Orsedd ers ei dyddiau ysgol a derbyniwyd hi i Urdd y Derwyddon yn 2007.

THE chairs made for the Nationals held at Mold in 2007 and Cardiff in 2008 were both basically of a traditional pattern, but each had a novel back design. The first was designed and made by Ian and Graham Pickstock, who live locally (248). They used oak and ash from the Mostyn estate, also in Flintshire, and the design was intended to portray the landscape of Moel Famau and the Clwydian Hills.

The Cardiff chair was designed by Bethan Gray of the city, a designer for Habitat in London, and made by Alex Macdonald of Tenby (247). The design of the back echoes the Mystic Mark. The Welsh oak is stained black to emphasize the 'graphic quality' of the small-section timber. This is a modern concept, although in the past oak furniture was often given a dark stain to give a supposedly antique appearance. It was won by Hilma Lloyd Edwards, who has won over fifty chairs and crowns in contests all over the country. She has been a member of the Gorsedd since her school days and was admitted into the Order of Druids in 2007.

249 Cadeirio Tudur Dylan yn
Eisteddfod Genedlaethol
Eryri, 2005.

Tudur Dylan Jones being chaired
at the National Eisteddfod,
Snowdonia, 2005.

MAE'N wybyddus bellach bod yr Orsedd ynghyd â'i symbolaeth a'i defodau cyfrin oll yn rhan o greadigaeth Iolo Morganwg ar ddiwedd y ddeunawfed ganrif ac fe'i cyfiawnhawyd ganddo drwy ffugiadau. Apeliodd ei ddefodau lledgrefyddol at nifer yn y ganrif ddilynol, yn enwedig gweinidogion (Anglicanaidd ac anghydffurfiol), tra bu eraill yn amau eu dilysrwydd a'u priodoldeb. Mae'r arferion a'r regalia wedi eu coethi a'u hehangu dros y blynyddoedd gan y rheini sydd â thueddiadau theatrig. Er mai creadigaethau cymharol fodern yw'r seremonïau, maent erbyn hyn wedi meithrin eu hanes haeddiannol eu hunain.

Mae'r Orsedd gyfoes yn cynnwys beirdd, llenorion, cerddorion, artistiaid ac unigolion sydd wedi gwneud cyfraniad pwysig i Gymru, ei hiaith neu ei diwylliant. Dewisir yr Archdderwydd o blith cynenillwyr y gadair i wasanaethu am dair blynedd ac i arwain y seremonïau yn yr Eisteddfod Genedlaethol. Ystyrir y rhain fel modd o ychwanegu ysblander ac urddas wrth wobrwyo'r gorchestion llenyddol; y fwyaf blaenllaw yw'r gadair a gomisiynir yn arbennig, i'w chyflwyno i'r prifardd am yr awdl orau.

Yn ôl Tudur Dylan Jones, sydd wedi ennill nifer o wobrau mewn eisteddfodau lleol, rhanbarthol a chenedlaethol:

Mae ennill y gadair mewn unrhyw Eisteddfod yn anrhydedd, ond mae ei hennill hi yn yr Eisteddfod Genedlaethol yn rhoi gwefr ychwanegol. Mae'n anrhydedd meddwl bod rhywun yn rhan o draddodiad sy'n mynd yn ôl dros fil o flynyddoedd, ac mae'n braf teimlo bod barddoniaeth yn cael lle amlwg ym mywyd y genedl. Mae rhai'n dweud bod yna grefft arbennig yn perthyn i gerddi sy'n dod i'r brig, ond yn amlach na pheidio, mae mwy o grefft yn perthyn i wneuthurwr y gadair na'r un sy'n ei hennill hi!

Yn y canoloesoedd, roedd beirdd fel Dafydd ap Gwilym hefyd wedi cymharu eu crefft yn ffafriol â chrefft y seiri. Ystyrir y cysylltiad agos hwn rhwng y ddwy grefft, y naill a'r llall yn cyfuno yr awen â chywirdeb, ymhlith un o'r traddodiadau diwylliannol mwyaf oesol sydd i'w canfod yn y byd.

IT is now accepted that the Gorsedd, with its mystical rituals and symbolism, was fabricated by Iolo Morganwg in the late-18th century and justified by him on the basis of forgeries. His quasi-religious rites held great appeal in the ensuing century to some, including many ministers of religion (both Anglican and nonconformist), whilst others doubted their authenticity and appropriateness. The practices and regalia have been refined and augmented over the years by those of a theatrical disposition. The ceremonies are understood today as relatively recent inventions which have, nevertheless, acquired a respectable history in their own right.

The modern Gorsedd consists of poets, writers, musicians, artists and individuals who are judged to have made a contribution to the Welsh nation, language and culture. The Archdruid is selected from previous winners of the chair and serves for three years, overseeing the ceremonies at the National Eisteddfod. These are seen as adding spectacle and dignity to the awards for literary achievements, the foremost of which is the specially commissioned chair presented for the best poem using the traditional strict metres.

According to Tudur Dylan Jones, who has won many prizes at district, regional and national contests:

Winning the chair in any Eisteddfod is an honour, but to win in the National Eisteddfod is an added bonus. It's an honour to think that the presentation of a chair belongs to a tradition that extends back over a thousand years, and that poetry still plays a major part in the cultural life of the nation. Some say that a special craft is needed to win, but very often, more craft is shown by the maker of the chair itself than the winning poet!

In the medieval period, poets such as Dafydd ap Gwilym had also favourably compared carpentry to their own profession. This close association between the two skills, each combining inspiration with precision, ranks as one of the most enduring cultural traditions found anywhere in the world.

250 *Cadair Eisteddfod Genedlaethol Wrecsam, 1912.*
Enillwyd gan T H Parry-Williams.
Cynlluniwyd gan R T Raymond, Bargoed.

National Eisteddfod chair, Wrexham, 1912.
Won by T H Parry-Williams.
Designed by R T Raymond, Bargoed.

FFYNONELLAU

SOURCES

Defnyddiwyd y ffynonellau dogfennol a printiedig canlynol. Nodir cyfieithiadau'r awduron yn y testun.

The following documentary and printed sources have been used. Translations made by the authors are stated in the text.

Country Antiques (Wales) Ltd, Archive.

Eisteddfod Genedlaethol Cymru [National Eisteddfod of Wales], Rhaglenni [Programmes].

——, Rhestrau Testunau [List of Subjects].

——, Cyfansoddiadau a Beirniadaethau [Compositions and Adjudications].

Sain Ffagan: Amgueddfa Werin Cymru, Archif.

St Fagans: National History Museum, Archive.

Y Brython, Awst 4, 1938.

Y Darlunydd, Rhif IX, Cyfrol II, Medi 1877.

Y Darlunydd, Rhif XLIII, Cyfrol IV, Medi 1879.

Bebb, Richard, *Welsh Furniture 1250 -1950: A Cultural History of Craftsmanship and Design*, 2 vols. (Kidwelly, 2007).

Borrow, George, *Wild Wales: Its People, Language and Scenery* (Llandysul, 1995) (first pub. 1862).

Bowen, Geraint and Bowen, Zonia, *Hanes Gorsedd y Beirdd* (Dinbych, 1991).

Burge, Alun, 'A "Subtle Danger"?', *Llafur*, 1998-9, 127-142.

Edwards, Hywel Teifi, *Gŵyl Gwalia: Yr Eisteddfod Genedlaethol yn Oes Aur Victoria 1858-1868* (Llandysul, 1980).

——, *Eisteddfod Ffair y Byd Chicago 1893* (Llandysul, 1990).

——, *Yr Eisteddfod: Cyfrol Ddathlu Wythganmlwyddiant yr Eisteddfod 1176-1976* (Llandysul, 1976).

Encyclopaedia of Wales, Davies, J., Jenkins, N., Baines, M. and Lynch, P. I. (eds.) (Cardiff, 2008).

Jennings, Hilda, *Brynmawr* (London, 1934).

Jones, Edward, *Musical and Poetical Relicks of the Welsh Bards*, 2 vols. (London, 1808).

Jones, Emrys (ed.), *The Welsh in London 1500-2000* (Cardiff, 2001).

Lord, Peter, *The Visual Culture of Wales: Imaging the Nation* (Cardiff, 2000).

——, *Winifred Coombe Tennant: A Life Through Art* (Aberystwyth, 2007).

——, *Y Chwaer-Dduwies: Celf, Crefft a'r Eisteddfod* (Llandysul, 1992).

Peate, Iorwerth C., *Guide to the Collection of Welsh Bygones* (Cardiff, 1929).

Pennant, Thomas, *A Tour in Wales 1773* (Dublin, 1779).

Pevsner Architectural Guides, The Buildings of Wales: Carmarthenshire and Ceredigion, Lloyd, T., Orbach, J. and Scourfield, R. (eds.) (New Haven and London, 2006).

Stephens, Meic (ed.), *The New Companion to the Literature of Wales* (Cardiff, 1998).

The Dictionary of Welsh Biography: Down to 1940, Honourable Society of Cymmrodorion, Lloyd, J. E. and Jenkins, R. T. (eds.) (London, 1959).

Thomas, Arthur (gol.), *Huw Sêl, Bardd a Saer* (Llanrwst, 2008).

Thomas, Gwyn, *The Caerwys Eisteddfod* (Cardiff, 1968).

Williams, G J., 'Eisteddfodau'r Gwyneddigion', *Y Llenor*, 1935, 11-22.

——, 'Eisteddfodau'r Gwyneddigion II', *Y Llenor*, 1936, 88-96.

MYNEGAI ∫ INDEX

Mae'r rhifau bras yn cyfeiro at rifau tudalennau ffotograffau.

Numbers in bold refer to the page numbers of photographs.

251 *Cadair Eisteddfod y Myfyrwyr, Aberystwyth, 1924.*
Enillwyd gan D R Lewis.

Students' Eisteddfod chair, Aberystwyth, 1924.
Won by D R Lewis.

Enwau / Names

CREDYDAU FFOTOGRAFFIG

PHOTOGRAPHIC CREDITS

Gwnaed pob ymgais i sicrhau caniatâd deiliaid hawlfraint y delweddau a ddefnyddiwyd. Bydd unrhyw ddiffygion a nodir yn cael eu cywiro mewn argraffiadau diweddarach. Cafodd costau eu hepgor gan ymron pob sefydliad ac unigolyn - mae seren yn ymddangos wrth ymyl eu henwau. Ni fyddai'r gyfrol wedi bod yn bosibl heb eu haelioni.

* Amgueddfa ac Oriel Cwm Cynon (ffotograffau R Bebb) 162, 171
* Amgueddfa ac Oriel Gelf Castell Cyfarthfa 67, 164, 166
* Amgucddfa ac Oriel Gwynedd Bangor (ffotograffau R Bebb) 14, 46, 60, 78, 79
* Amgueddfa Ceredigion (ffotograffau R Bebb) 3, 12, 17, 19, 251
* Amgueddfa Cymru 1, 2, 5, 7, 20, 21, 35, 36, 38, 39, 41, 47-53, 55, 61, 64-66, 68, 69, 73, 75-77, 80, 83, 87, 90, 91, 101-103, 108, 118, 119, 128, 143, 158, 163, 170, 174, 175, 177-179, 183, 186, 188, 190, 195, 201, 206, 207, 240, 247
* Amgueddfa Gaiman 155
* Amgueddfa Sir Gaerfyrddin (ffotograffau Dara Jaswmani) 56, 95, 160
* Archifau a Chasgliadau Arbennig, Prifysgol Bangor 157
* Richard Bebb 97, 99, 100, 138, 225
* Casgliadau Preifat 54, 96, 106, 109, 120, 130-132, 135, 141, 145, 146, 148, 165, 168, 187, 199, 234, 245, 246 (ffotograffau: R Bebb) 11, 18, 23, 25, 29, 30, 40, 45, 57, 74, 88, 105, 107, 116, 117, 122, 124, 127, 137, 144, 147, 172, 185, 210, 224, 227, 235, 237, 243, 252
* Country Antiques (Wales) Ltd 26, 43, 44, 121, 159, 200, 216
* Eisteddfod Genedlaethol Cymru 31, 71, 72, 92, 110, 111, 114, 123, 129, 134, 136, 149, 151-154, 161, 180, 181, 184, 208, 209, 215, 218-223, 228, 230, 231, 236, 238, 239, 241, 242, 244, 248, 249
* Alwen Green 156
* Gwasg Carreg Gwalch 142, 226, 232, 233
  Mair Gwenallt 167, 169
* Hawlfraint y Goron: Comisiwn Brenhinol Henebion Cymru 98
* Llyfrgell Genedlaethol Cymru 6, 8, 9, 13, 15, 24, 27, 28, 32-34, 42, 58, 59, 62, 63, 70, 81, 84, 89, 93, 94, 112, 113, 115, 133, 139, 173, 176, 182, 189, 191, 196-198, 202-205, 211, 212, 214, 217, 229, 250
* Llyfrgell Genedlaethol Iwerddon 37
* Llyfrgell Rhydaman (ffotograff R Bebb) 140
* Peter Lord 150
* Jorge Miglioli 213
* Oriel Gelf ac Amgueddfa Brycheiniog 22, 85, 86, 126
* Dr Martin Parry 16, 125, 192-194
* Prifysgol Aberystwyth (ffotograffau R Bebb) 10, 104
* Prifysgol Bangor (ffotograffau R Bebb) 4, 82

Every effort has been made to secure the permission of the copyright holders of images used. Any deficiencies brought to our attention will be corrected in future editions. Charges were waived by virtually all institutions and individuals, and are acknowledged with an asterisk. This book would have been impossible without such generosity.

* Aberystwyth University (photos: R Bebb) 10, 104
* Amgueddfa Gaiman 155
* Ammanford Library (photo: R Bebb) 140
* Bangor University (photos: R Bebb) 4, 82
* Richard Bebb 97, 99, 100, 138, 225
* Brecknock Museum and Art Gallery (photos: R Bebb) 22, 85, 86, 126
* Carmarthenshire County Museum (photos: Dara Jaswmani) 56, 95, 160
* Ceredigion Museum (photos: R Bebb) 3, 12, 17, 19, 251
* Country Antiques (Wales) Ltd 26, 43, 44, 121, 159, 200, 216
* Crown Copyright: Royal Commission on the Ancient and Historical Monuments in Wales 98
* Cyfarthfa Castle Museum and Art Gallery 67, 164, 166
* Cynon Valley Museum and Gallery (photos: R Bebb) 162, 171
* Alwen Green 156
* Gwasg Carreg Gwalch 142, 226, 232, 233
  Mair Gwenallt 167, 169
* Gwynedd Museum and Art Gallery, Bangor (photos: R Bebb) 14, 46, 60, 78, 79
* Peter Lord 150
* Jorge Miglioli 213
* National Eisteddfod of Wales 31, 71, 72, 92, 110, 111, 114, 123, 129, 134, 136, 149, 151-154, 161, 180, 181, 184, 208, 209, 215, 218-223, 228, 230, 231, 236, 238, 239, 241, 242, 244, 248, 249
* National Library of Ireland 37
* National Library of Wales 6, 8, 9, 13, 15, 24, 27, 28, 32-34, 42, 58, 59, 62, 63, 70, 81, 84, 89, 93, 94, 112, 113, 115, 133, 139, 173, 176, 182, 189, 191, 196-198, 202-205, 211, 212, 214, 217, 229, 250
* National Museum Wales 1, 2, 5, 7, 20, 21, 35, 36, 38, 39, 41, 47-53, 55, 61, 64-66, 68, 69, 73, 75-77, 80, 83, 87, 90, 91, 101-103, 108, 118, 119, 128, 143, 158, 163, 170, 174, 175, 177-179, 183, 186, 188, 190, 195, 201, 206, 207, 240, 247
* Dr Martin Parry 16, 125, 192-194
* Private Collections 54, 96, 106, 109, 120, 130-132, 135, 141, 145, 146, 148, 165, 168, 187, 199, 234, 245, 246 (photos: R Bebb) 11, 18, 23, 25, 29, 30, 40, 45, 57, 74, 88, 105, 107, 116, 117, 122, 124, 127, 137, 144, 147, 172, 185, 210, 224, 227, 235, 237, 243, 252
* Welsh Library, Bangor University, Information Services 157

DIOLCHIADAU

ACKNOWLEDGEMENTS

Hoffem ddiolch i amryw o unigolion a sefydliadau am eu cymorth gyda'r gyfrol hon. Diolch arbennig i Eisteddfod Genedlaethol Cymru a Llyfrgell Genedlaethol Cymru; Dr Beth Thomas, Ceidwad Bywyd Gwerin, Sain Ffagan: Amgueddfa Werin Cymru am ei chefnogaeth frwd o'r dechrau. Rydym yn ddiolchgar i Dr W T Rees Pryce (Rhymni 1903, y bardd Bethel) a Margaret Walton (Manceinion 1883) am rannu eu gwaith ymchwil anghyhoeddedig. Darllenwyd y testun Saesneg gan Yr Athro Hywel Teifi Edwards, y testun Cymraeg gan Elin ap Hywel, a'r testun Cymraeg a Saesneg gan Dr William Linnard. Diolch iddynt oll am eu sylwadau defnyddiol, ond yn naturiol, yr awduron sy'n gyfrifol am bob barn a fynegir ac unrhyw wallau. Cafwyd cymorth ariannol hael tuag at gostau cyhoeddi gan Fwydydd Castell Howell Cyf.

This book was made possible through the assistance of many individuals and institutions. Special thanks are due to the National Eisteddfod of Wales and The National Library of Wales; Dr Beth Thomas, Keeper of Social History at St Fagans: National History Museum provided enthusiastic support from the start. For sharing their unpublished researches we are grateful to Dr W T Rees Pryce (Rhymney 1903, the poet Bethel) and Margaret Walton (Manchester 1883). The English language text was read by Prof. Hywel Teifi Edwards and the Welsh language text by Elin ap Hywel; both the English and Welsh texts were read by Dr William Linnard. Each provided useful comments although, naturally, all opinions and errors are those of the authors. Financial assistance towards publication costs was generously provided by Castell Howell Foods Ltd.

Diolch hefyd i'r beirdd, crefftwyr, perchnogion a'r curaduron canlynol:

The following poets, craftsmen, owners and curators deserve our appreciation:

Ian Arundale
Betty Belanus
Nigel Blackamore
Ray Davies
Ann Dorsett
Valmai Evans
Michael Freeman
Luned Gonzalez
Rheinallt Griffiths
Sheila Harri
Christine Havard
Jennifer Hayward

Dr Mererid Hopwood
Peggy Hughes
David Gwyn John
Mair & Silyn Jones
Tudur Dylan Jones
Margarita E Jones de Green
Gwenda Lewis
Rachel Lewis
Dr William Linnard
Olwen McCann
Luke Millar
Robert Morgan

Walford Morris
Myrddin ap Dafydd
Dr Martin Parry
Heather Perry
Robat Powel
Mary Pryce
Scott Rhead
Esther Roberts
Dr Dafydd Tudur
Ceri Vale

252 Cadair Eisteddfod Genedlaethol Eryri,
2005.
Enillwyd gan Tudur Dylan Jones.
Gwnaed gan John Parry, Porthmadog.

National Eisteddfod chair, Snowdonia,
2005.
Won by Tudur Dylan Jones.
Made by John Parry, Porthmadog.

Ganwyd Richard Bebb yng Ngwmparc, Cwm Rhondda, a threuliodd y rhan helaeth o'i blentyndod yn Nyfnaint a Chernyw. Graddiodd mewn Anthropoleg Gymdeithasol yn Ysgol Economeg Llundain cyn dychwelyd i Gymru i ddechrau ei yrfa fel gwerthwr henebau, gan arbenigo mewn celfi Cymreig. Fel arbenigwr blaenllaw yn y maes, uchafbwynt ei waith ymchwil oedd cyhoeddi y ddwy gyfrol arobryn, *Welsh Furniture 1250-1950: A Cultural History of Craftsmanship and Design* yn 2007. Mae Richard yn aelod o'r *British Antiques Dealers' Association* ac yn Gymrawd Ymchwil Mygedol Amgueddfa Cymru.

Richard Bebb was born in Cwmparc in the Rhondda Valley, and spent most of his childhood in Devon and Cornwall. After graduating in Social Anthropology from the London School of Economics, he returned to Wales and began a career as an antiques dealer, specializing in Welsh furniture. Widely recognized as the leading authority on the subject, his researches culminated in the award-winning two-volume *Welsh Furniture 1250-1950: A Cultural History of Craftsmanship and Design*, published in 2007. Richard is a member of the British Antiques Dealers' Association and an Honorary Research Fellow of National Museum Wales.

Ganwyd Sioned Williams yng Nghaerdydd ond cafodd ei magu ym mhentref Llanbryn-mair, Sir Drefaldwyn. Dychwelodd i Gaerdydd ym 1989, lle enillodd radd dosbarth cyntaf mewn Hanes Cymru a Chymraeg, a chwblhau doethuriaeth ar agweddau ar ddiwylliant materol bonedd gogledd-ddwyrain Cymru rhwng 1540-1640. Datblygodd ci diddordeb mewn hanes celfi wrth astudio rhestri eiddo fel rhan o'r gwaith ymchwil. Mae Sioned wedi bod yn gweithio fel Curadur Dodrefn yn Amgueddfa Werin Cymru, Sain Ffagan er 1996.

Sioned Williams was born in Cardiff but grew up in the rural village of Llanbryn-mair, Montgomeryshire. Returning to Cardiff in 1989, she graduated with first class honours in Welsh History and Welsh from Cardiff University, followed by a PhD on aspects of material culture of the gentry of north-east Wales from 1540-1640. Through her research work, reading many household inventories, her desire to study Welsh furniture developed. Sioned was appointed Curator of Furniture at St Fagans: National History Museum in 1996, a position she still holds.

Hefyd gan ∫ Also by

Saer Books

Welsh Furniture 1250-1950
A Cultural History of
Craftsmanship and Design

Richard Bebb

Welsh Furniture 1250-1950

A Cultural History of Craftsmanship and Design

by Richard Bebb

Two volumes each of approximately 420 pages.
11½ ins (290 mm) by 9½ ins (240 mm).
Casebound in cloth with colour dust jackets,
both volumes contained in a colour slipcase.

Over 1500 (mostly colour) plates - the majority
of which are of previously unpublished pieces
and commissioned specifically for this project.

ISBN 978-0-9553773-1-0

For more details:
info@welshfurniture.com / www.welshfurniture.com

 Produced with the assistance of Amgueddfa Cymru – National Museum Wales
and the support of Llyfrgell Genedlaethol Cymru – National Library of Wales

Saer Books

31-33 Stryd y Bont	31-33 Bridge Street
Cydweli	Kidwelly
Sir Gaerfyrddin	Carmarthenshire
SA17 4UU	SA17 4UU

"This book is the result of sixteen years of fresh research, and attempts to explain furniture history to those who have an interest in all things Welsh, and Welsh culture and history to those interested in furniture."

'This work is a tour de force, and its breadth is astonishing. This is not just the history of furniture, but of society in the round.'

Eurwyn Wiliam, Amgueddfa Cymru-National Museum Wales

'Beibl celfi Cymru.'

Golwg

'Amounts to a grand domestic history of Wales… it should be, as they say, in every Welsh library.'

Jan Morris, The Observer

'This massive and comprehensive work, beautifully illustrated and carefully researched has redefined how we look at the whole subject.'

William Linnard, New Welsh Review

'Its production values are high and the organization of so many integrated illustrations with error-free references in the text is an achievement in itself.'

Simon Jervis, The Burlington Magazine

'The definitive guide.'

Western Mail

'Open the books and you are instantly captivated and enthralled.'

Carmarthenshire Life

'Profusely and superbly illustrated and written in a clear, accessible style that both the connoisseur and layman will find pleasing.'

Meic Stephens, Cambria

'The author is to be congratulated on a study which many will find indispensable, that successfully relates furniture history to social and architectural history.'

Richard Suggett,
Vernacular Architecture

'Bebb's discoveries in pursuit of seven centuries of continuity and change in one of Wales' most highly-developed traditional arts establish him as a cultural historian par excellence.'

John Burrison
(Georgia State University),
Journal of Folklore Research

'A masterpiece of regional study… Bebb's huge volume of research and sheer number of examples should earn the respect of furniture historians and the gratitude of his fellow-countrymen, to whom he has rendered a notable service.'

Luke Millar, Regional Furniture Society Newsletter

'Vital not just for the collector and dealer but also the historian, the antiquarian, the architect, the social historian, and for the countless number of people eager to trace their Welsh ancestry.'

Daily Post

'A most remarkably powerful and important study of Welsh furniture and woodwork… purchase it as a dynamic contribution to furniture history and a tribute to the vernacular furniture of both Wales and the British Isles.'

Bernard Cotton, Antiques Trade Gazette.

www.WelshFurniture.com